KB252457

메소드 길
연기로 가는 길

자유로운
영혼의 신바람
나는 여정을
위해

메소드 연기로 가는 길

자유로운
영혼의신바람
나는여정을
위해

김준삼 지음

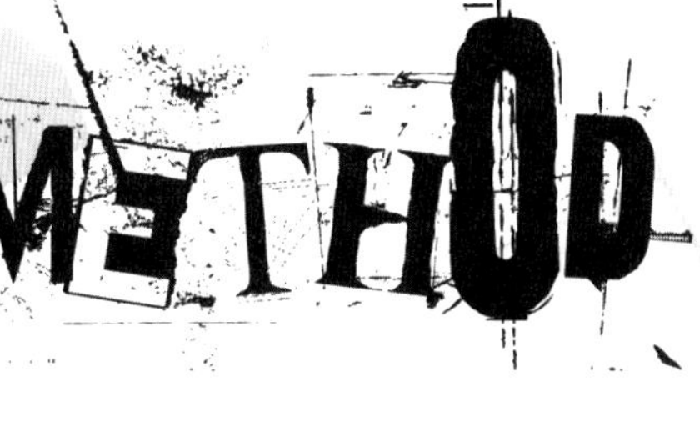

도서출판 동인

배우가 된다는 것은

나를 채우는 동시에 나를 비우는 법을 배우는 것이다. 배우는 배우로 사는 동안 중단 없이 무수한 것들을 배워야 한다. 신체의 유연성과 표현력 증대를 위한 훈련에서부터, 감각과 감성을 예민하게 하는 훈련, 감정의 표현과 발산, 그 반복을 위한 훈련, 극적 진실을 읽어내고 극의 호흡과 리듬을 만들어내는 훈련 등에 이르기까지. 어떻게 보면 종합예술인 연극을 하는 배우가 되기 위해서는 호흡법에서부터, 춤, 노래, 무술, 곡예 등 세상에 존재하는 모든 몸과 관련된 기술들을 배워야할 것처럼 보인다. 그리고 더욱 어려운 것은 연극이 삶에 관한 것인 한, 세상을 체험하고 읽어내는 법을 배워야 한다. 그러나 역설적으로 그 모두가 결국엔 자신을 비우기 위한 것이라는 것을 아는 배우는 거의 없다. 자신을 비움으로써 고착되지 않는 법을, 그래서 진정으로 자유로운 존재가 되는 법을 배우는 것이라는 사실을 아는 배우는 거의 없다. 피터 브룩(Peter Brook)이 연극에 대해 말한 바를 배우에 적용해보면, 결국 자신 속에 순수한, 아무 것에도 좌우되지 않는 비어있는 공간을 만드는 것을 배우는 것이다. 더구나 연기라는 것이 일회적인 유희가 아니라 평생의 업으로 가야할 길이라면, 이 빈 순수의 공간을 유지하는 것은 극히 어려운 일이 된다.

연기라는 것은 근본적으로 대화법의 일종이다. 배우가 되기 위해서는 세 가지 대화법을 배워야 한다. 나와의 대화법, 파트너와의 대화법, 관객과의 대화법. 이 대화법들은 나를 채우면서도 나를 비우는 배우의 역설적 존재양식을 지탱해주는 받침목들이다. 빈 공간을 만들기 위해 우선해야 할 일은 나를 들여다보는 것이다. 밖을 보기 이전에 내 안에 있는 것을 보아야 한다. 내 안의 어떤 부분이 무엇으로 차 있는지를 알아야 무엇을 더 채우고 그래서 어떻게 그 안을 정리하고 비워낼 수 있을지를 알게 된다. 그래서 나와의 대화에서 연기는 시작한다. 그러나 나와의 대화에는 특별한 대화법이 필요하다.

모든 것은 나에게서 시작한다. 나의 사소한 느낌 하나에서부터, 은밀한 욕망, 치졸한 야망, 터무니없는 환상, 달콤한 몽상, 간절한 희망, 지울 수 없는 기억, 슬픈 인연, 쓰라린 상처, 되풀이 되는 악몽, 이런 것들에서 연기는 시작된다. 내가 묻어나 있지 않은 연기는 예술이 아니다. 그것은 허위이고 가식이다. 자신의 진실에서 시작하지 않는 연기는 단순한 모방이나 표절에 그칠 가능성이 농후하다. 그것은 항상 공허한 울림, 어설

픈 몸놀림에 지나지 않는다. 이는 부단 배우에게만 국한되는 것이 아니라, 모든 예술가에게 공통적으로 적용되는 원리이다.

　　그러나 나를 들여다보고 나와 대화하기 위해서는 남들과 하는 대화법과는 근본적으로 다른 대화법이 필요하다. 내가 나를 아는데 무슨 대화법이 필요하다는 건가? 그렇지 않다. 내 안에는 세 가지 나가 있다. ‘내가 아는 나’가 있고, ‘내가 모르는 나’가 있고, ‘내가 부정하는 나’가 있다. 그리고 내가 아닌 남이 내 안에 들어와 있는 경우도 허다하다. 그런 ‘나들’과의 대화법을 찾는 것이 연기의 제일 과제이다.

　　나와의 대화는 단일한 경로를 통해서가 아니라, 다수의, 때로는 중첩된 경로를 통해서 모색해야 한다. 나를 둘러싸고 있는 단단한 습관이라는 보호막이 내가 나를 제대로 보는 것을 방해하기 때문이다. 습관과 타성으로 지탱하고 있는 ‘안전한’ 존재방식의 테두리에 갇힌 내가 아닌, 태초의 무한한 가능성을 가진 존재로서의 나에게 다가가야 한다. 뼈 마디마디, 근육 하나하나에 새겨져 있는 나의 금기의 역사를 찾아 내 몸을 더듬고 어루만져야 한다. 그리고 바로 그 역사를 가진 내 몸이 내가 가진 유일한 표현의 도구이다. 나는 나의 몸과 대화를 해야 하고, 내 감정의 근원과 대화해야 하고, 나의 정신, 나의 영혼과 대화해야 하고, 나의 무의식과 대화해야 한다. 나와의 대화는 내가 살아가는 동안 평생 계속되어야할 작업이다. 나는 변하기 때문이고 새로운 내가 끊임없이 생겨나기 때문이다. 심지어 아무 것도 하지 않아도 나는 변한다. 중요한 것은 무엇보다도 내가 두려워하는 것이 무엇인지를 아는 것이다. 내가 진정으로 두려워하는 것과 맞설 수 있게 될 때 연기는 시작된다.

자신 안에 빈 공간이 만들어지고 나면, 크든 작든, 그 공간을 무엇으로 채울 것인가? 즉, 예술가로서 배우는 무엇을 창조하는가? 그것은 바로 세상을 살아가는 사람들이다. 세상 속의 사람들을 나의 몸과 영혼을 섞어 빚어내는 것이다. 즉, 연기는 나와 세상을 섞는 작업이다. 연극이 삶에 관한 것인 한, 연기는 세상을 사는 사람들에 관한 것이다. 그렇다면 배우에게 세상을 살아가는 모든 사람들 하나하나가 그의 교과서이고 스승이다. 배우의 눈에 세상 모든 이들은 모두가 평등하고 모두가 중요하다. 그래서 배우에게 요구되는 필수적인 덕목이 편견으로부터의 해방이다. 편견의 제거는 정상과 비정상, 주류와 비주류에 대한 가치판단의 유보에서 가능해진다.

연기의 기본 요소

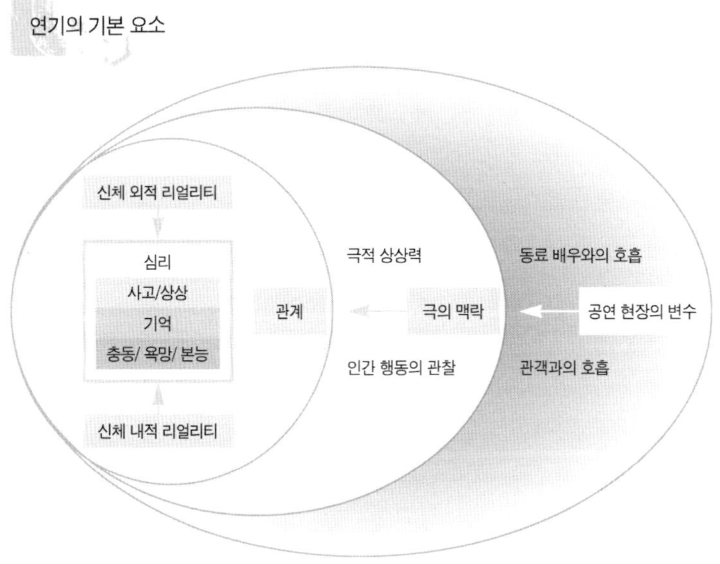

세상을 살아가는 사람들을 진정으로 만나고 그들의 다양한 인간적 경험을 가슴으로 공감하는 것이 관객과의 대화의 첫 번째 전제조건이다. 그 가슴의 울림이 배우가 극적 세계 속에서 창조하는 모든 인물을 진실하게 한다. 현실의 이야기이든, 가상의 이야기이든, 꿈과 환상 속의 이야기이든, 생생하고 진실한 인간 경험을 이야기하지 않는 배우에게 관객은 냉담하기 마련이고, 그러면 관객과의 대화는 불가능해진다. 관객과의 대화가 없다면 연극의 존재 이유도 사라진다. 공연양식에 상관없이, 직접적이든 간접적이든, 직설적이든 비유적이든, 현실적이든 가상적이든, 배우가 그들의 이야기를 진실하게 하고 있을 때, 그들이 살아가는 세상에 대해 이야기하고 있을 때, 관객들은 숨소리를 죽인 채 배우의 연기를 보고 들으며, 배우와 함께 숨쉬고, 배우와 하나가 된다. 진실한 경험에서 비롯되는 공감과 공명, 이심전심은 극장에서 배우와 관객이 만나는 궁극적인 이유이자 공연 경험의 본질적 핵심인 것이다.

　　사회 속의 인간은 관계 속에서 존재한다. 세상 속에 내가 있듯이, 세상 속에는 '너'가 있고, 다른 이들이 있다. 그리고 그들은 서로에게 각기 다른 의미를 가지고 있다. 삶을 살아간다는 것은, 무인도에 살고 있지 않은 한, 관계 속에서 사람들과 충돌하고, 갈등하고, 화해하는 작용과 반작용의 연속임에 다름 아니다. 그리고 그것이 극의 본질이자 존재 근거이고, 연기의 모태이다. 사람들 간에 갈등과 화해의 에너지의 흐름이 없을 때, 인간은 단절감을 느끼고 상실과 좌절을 맛본다. 나 없이 세상이 존재하지 않지만, 관계없이 내가 존재하지도 않는다. 그렇기 때문에 연기 작업에는 항상 파트너가 있다. 파트너 앞에서 나는 숨길 것이 없다. 나의 모든 것을 가장 직접적으로 보여주는 대상이 나의 파트너이다. 나의 알몸과 치부를 가장 가까이에서 목격하는 이가 파트너이다. 그렇기 때문에 내가 파트너를 신뢰하고, 그들에게서 신뢰를 얻는 것이 중요하다. 배우들 간에 신뢰와 존중 없이, 진실의 교환 없이, 진실은 어디로도 전달되지도 교감되지도 않기 때문이다.

배우는 인물이 되기 위해, 극적 세계 속에서 진정한 인간적 경험을 할 수 있기 위해, 마치 과학자처럼, '나'라는 실험실에서 다른 사람들을 다른 관계, 다른 상황에 놓고 실험한다. 참 실험의 결과를 얻기까지 거짓과 허위에 대한 거부, 포기하지 않는 불굴의 의지, 생명을 향한 사랑과 기다림, 자유에 대한 열정, 이 모두를 거치고 가져야 진정으로 큰 배우가 될 수 있다.

한 마디로 말해, 배우를 한다는 것은 사람들이 사는 곳에서 사람들을 바라보며 그리고 그들과 교감하며 나를 생각하는 작업이다. 이와 같은 작업을 제대로 거친 배우는 진정으로 자유롭다. 그런 이유로 세상의 시기를 한 몸에 받기도 하지만, 그 시기까지 극복한 배우는 거듭 말하거니와 자유로운 존재이다. 물들지 않은, 하지만 쉽게 물들 수 있는, 그러면서도 깨끗이 지울 수 있는 순수의 공간을 가진 자유로운 존재, 그것이 배우이다.

　　　배우는 삶을 해석해야 하고, 그러기 위해서 배우는 삶이 제공하는 모든 경험을 기꺼이 받아들이려고 해야 한다. 사실, 배우는 삶이 자신의 발밑에 던져주는 삶보다 더 많은 삶을 찾아나서야 한다. 자신의 생애라는 짧은 기간 동안, 배우는 배울 수 있는 것은 모두 다 배워야 하고, 경험할 수 있는 모든 경험을 직접 경험하거나 또는 가능한 한 그 경험의 상태에 가장 가까이 근접하여야 한다. 배우는 초인적인 노력을 발휘해 자신의 무의식이라는 저장소에 자신의 예술을 표현하기 위해 언제든 꺼내쓸 수 있도록 모든 것을 저장해두어야 한다. 예술가에게 삶과 그 삶을 살아가는 일 외에 더 중요한 것은 없다. 심지어 자신의 자아도 그보다 더 중요할 순 없다. 삶의 의미를 온전히 파악하는 것이 배우의 의무이고, 그것을 해석하는 것이 배우가 풀어야할 숙제이며, 그것을 표현하는 것이 배우가 평생 정진하여야 할 바이다. 배우가 된다는 것은 세상에서 가장 외로운 일이다. 자신이 가진 집중과 몰입, 상상력만이 이 외로운 여정의 유일한 동반자이다. 좋은 배우가 되는 일은 쉽지 않다. 사람이 되는 것은 더욱 더 어려운 일이다. 나는 죽기 전에 둘 다가 되고 싶다.

– 제임스 딘

차례

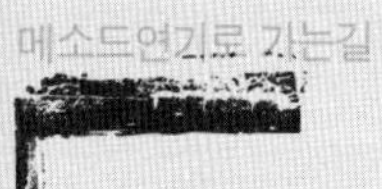

부록

1.

배우훈련의 목표와 단계

필자는 1999년 가을부터 2005년 봄까지 미국 뉴욕에서, 오늘날 세계에서 가장 큰 영향력을 행사하고 있는 미국식 연기법(소위 메소드연기)을 체득하기 위해 리 스트라스버그 연극학교(The Lee Strasberg Theater Institute)에서 3년, 미국 메소드연기의 본산인 액터즈 스튜디오(The Actors Studio)가 운영하는 액터즈 스튜디오 드라마 스쿨(The Actors Studio Drama School)에서 3년간 연기교육을 받았다. 한국인으로서 미국에 건너가 미국 연기의 본거지에서 연기 실기공부를 하기로 선택한 것은, 연기란 것이 책으로 배울 수 있는 것이 아닌 상황에서, 세계 제일의 연기법을 몸으로 직접 체득하지 않고서는 세계적인 배우가 될 수 없다는 간단하지만 분명한 이유에서였다. 세계 제일의 연기법을 몸으로 직접 체득하지 않고서는 세계적 영향력을 호소하는 작품을 선보일 수 없고, 나아가 그를 뛰어넘는 연기법을 모색할 수 없다는 판단이었기 때문이다. 사회 전 분야에서 국제화된 표준을 지향하는 것이 시대적 흐름이고 생존을 위한 필수전략이 되어버린 상황에서, 한국의 연극과 문화도 단지 그 희소성 또는 전통성으로만 인정받는 것에 그치는 것이 아니라, 21세기 문화의 세기에 국제적 경쟁력을 가진 문화적 실체가 되기 위해서는 국제적으로 인정받는 배우, 세계적인 연출가들/배우들과 협연 또는 공동작업을 할 수 있는 배우의 양성이 절실히 요구되고 있다.

그런 관점에서, 한국의 연기교육도 이제 세계화를 지향해야할 시점에 와있음을 부정할 수 없다. 하지만 세계화라는 것이 곧 세계 최고 수준에 도달할 때만 그 예술적 의미와 가치를 인정받을 수 있다는 것을 제대로 인식하고 있는 경우는 드물다. 세계적 수준의 공연이 경합을 하는 뉴욕무대에서 한국 연극은 그 존재 자체가 의심되는 안타까운 상황을 목도하면서, 필자가 2003년 5월 극단 블루 바이씨클 프로덕션(Blue Bicycle Productions)를 설립하였을 때, 한국희곡의 영어공연 가능성 및 미국인 배우와 무대예술가와의 협력 가능성을 타진하려던 일차적 목적 외에, 열악한 재정적 현실 속에서도 가장 역점을 두었던 것은 바로 일정 수준-다시 말해 뉴욕의 관객들이 그 예술성과 작품성을 인정할 수 있는 수준-이상의 작품완성도였다. 별 볼 일 없는 공연으로는 매주 천 편 이상의 작품이 경합하는 뉴욕 연극계에서 어떠한 파장도 가져올 수 없을 뿐만 아니라, 오히려 한국연극의 위상을 추락시키는 화를 자초할 것이 뻔했기 때문이다.

연극뿐만 아니라, 한국에서 제작된 여러 공연들이 뉴욕 무대를 찾지만, 세계 최고 수준의 작품들을 접하면서 높아진 뉴욕 관객들의 눈높이에서는 초라하고 볼품없기 그지없는 경우가 대다수이다. 이렇게 미력한 힘으로나마 갓 시도한 한국연극의 세계화는 필자의 평생의 과업이 되어버렸다.

오늘날의 헐리우드영화나 브로드웨이연극의 위상을 가능하게 한 것은 미국이 가진 막대한 자본의 힘에 기반한 것이기도 하지만, 그룹 씨어터(The Group Theater)에서 액터즈 스튜디오(The Actors Studio)로 이어지는 연기자 양성을 향한 치열한 고민과 실천, 그리고 그 결과로 배출된 뛰어난 배우들이 없었다면 불가능한 것이었을 것이다. 스타니슬라프스키에서 시작해 그의 제자들, 그리고 미국 연기의 대부 리 스트라스버그(Lee Strasberg), 샌포드 마이즈너(Sanford Meisner), 스텔라 애들러(Stella Adler)로 이어지면서 정착된 메소드연기는 연기에 관한 패러다임의 전환을 가져왔고, 오늘날 직접적으로 메소드연기 훈련을 받았는지의 여부에 상관없이 메소드연기 이전의 연기스타일로 연기하는 배우는 거의 없을 만큼 광범위하게 그 직간접적인 영향력을 행사하고 있다. 물론 메소드연기에 대한 오해로 인해 반메소드연기법들도 활발하게 모색되어 왔지만, 메소드연기의 단점을 지적 또는 보완하는데 그치거나 같은 교육적 목표를 단지 다른 용어로 옮겨놓았을 뿐, 메소드연기법을 뛰어넘는 연기법은 발견되지 못했다. 형식적 교육을 특징으로 하는 영국의 배우들 역시 이제는 미국적 연기법의 습득을 모색하고 있다.

늦은 감은 있지만, 앞으로 우리의 과제는 이와 같이 세계적 표준이 되어버린 메소드연기를 한국적 특성에 맞게 수용하고 발전시켜나가는 것이다. 그것이 가장 한국적인 것이 가장 세계적인 것임을 실현할 수 있는 길이다. 전통과 현대의 접목 없이 세계를 주도하는 문화를 창조할 수 없다. 전통은 그 원형 자체로 보존하려는 노력만큼이나 그를 현대적으로 수용하려는 노력이 따를 때에만 그 생명력을 이어갈 수 있다. 전통문화 보존을 위한 지금까지의 노력이 역효과를 가져온 것은 바로 후자의 노력을 외면함으로써 전통을 오히려 박제화했기 때문이다. 세익스피어가 여전히 세계에서 가장 영향력 있는 작가로 남아있는 것은 원전에 대한 끊임없는 보존과 발굴, 그 당시 공연양식의 재생과 같은 복원화의 노력 못지않게 세익스피어를 오늘날의 관점에서 재해석하고 그에 따라 새로운 공연양식을 적용해보려는 시도가 끊임없이 이어지고 있기 때문이다. 한류의 예에서 알 수 있듯이, 우리의 저력은 동서양의 정서와 미학이 어우러졌을 때 가장 빛나게 발휘된다.

배우는 자신이 예술가/창조자이면서 동시에 그 창조의 질료가 된다는 이중적 상황에 처해있다. 그리고 바로 거기에 배우를 예술가로 양성하는 교육과 그 예술적 표현의 도구를 최적화하기 위한 훈련이 병행되어야 하는 연기교육의 이중적 어려움이 있다. 자신의 신체가 배우의 표현도구라는 말은 널리 받아들여지고 있지만, 일면 그릇된 표현이기노 하다. 왜냐하면 배우의 표현도구는 단지 신체에 그치는 것이 아니라 그 신체가 담고 있는 감정, 정서, 느낌, 기억, 생각 등을 두루 포괄하는 것이기 때문이다. 배우는 자신의 오감과 신체를 통해서 지금까지 경험한 모든 직간접적인 경험을 자신의 표현의 도구로 이용하게 된다.

그러나 사회의 금기와 도덕적 판단이 몸에 배어있는 상황에서 신체를 자유로운 표현의 도구로 해방시키기 위해서는 배우는 가장 큰 방해요인인 자기 자신과의 싸움을 마다하지 않는 의지력이 요구된다. 배우는 예술가로 환골탈태하기 위해 두려움이나 부끄러움과 같은 자기 방어적 자세를 극복하고 편협한 자아가 아닌, 포괄적이고 무한한 가능성을 가진 존재로서의 자아를 발견하기 위한 긴 여정에 돌입하게 된다. 이와 같은 이유로 인해 메소드 연기훈련은 다른 훈련법에 비해 오랜 시간이 소요되고-그 때문에 모든 것을 빨리빨리 해결하려는 요즘의 세태에 반하는 것이기도 하다-각 배우에 개별적인 관심과 지도를 기울여야 하기 때문에, 훨씬더 더디고 힘겨운 길을 가야한다. 각 배우가 가진 장단점과 가능성이 다른 상황에서 천편일률적인 교육방법을 택하는 것은 단점을 보완하면서 장점을 북돋우는 교육의 일반적인 목적에 배치된다고 할 수 있다. 모든 사람이 배우가 될 수 있지만, 명배우는 극소수밖에 배출되지 않는 현실을 감안하면, 더디더라도 단계를 확실하게 밟아가는 정도를 따라야 할 것이다. 모든 사람이 100m 달리기를 할 수 있지만, 올림픽 금메달리스트는 4년에 1명밖에 나오지 않는다. 최고가 되기 위한 고된 중간훈련과정 없이 최후의 승자가 될 수 있는 길은 없다.

　　모든 예술적 창조는 유에서 유를 창조하는 것이다. 연기의 관점에서 보면, 전자의 유는 배우 자신이고 후자의 유는 극적 인물이다. 그리고 전자의 유에서 후자의 유에 이르게 하는 것은 예술적 정신, 상상력, 인간애, 세상사와 인간행동에 대한 세밀한 관찰력과 그 현상의 원인을 추적하는 사고력이다. 그렇다면 연기교육은 전자와 후자의 유를 바로 알고 그 둘을 매개하는 창조적 역량을 육성하는데 초점이 맞춰져야할 것이다. 그것이 메소드연기가 배우 자신의 구체적 진실에서 출발해 그를 극적 진실로 승화하는데 역점을 두는 이유이다. 자신의 진실로부터 출발하지 않는다면, 현대연기가 가장 경계하는 과장되고 어색한 연기, 평범한 연기, 막연한 인상에 근거한 연기, 일반적이고 진부한 연기의 함정에 빠질 위험이 크기 때문이다. 또한 배우에 대한 연출가의 주된 요구가 '무엇'을 창조하는데 있는 반면, 배우의 주관심은 연출가의 주문을 '어떻게' 구현할 것인가에 있기 때문에 연기방법(메소드)에 교육의 중점을 두는 것은 배우를 연출가의 부품이 아니라 예술가로 길러내기 위한 필연적 선택일 수밖에 없다.

모든 교육에는 단계별 수준과 목표가 있고 그에 따른 교육적 방법이 뒷받침이 되어야 한다. 바둑을 예로 들면, 1급에서 9급, 이어 1단에서 9단까지의 레벨이 있고, 9단의 경지에 올라야 비로소 진정한 최고 경지의 기사로 인정을 받는다. 태권도를 비롯한 모든 무술의 훈련이 역시 그러하고, 심지어 피아노 교습도 철저하게 각 수준별 연습과제가 다르다. 수준별 학습, 결과보다는 과정 중심적인 교육법에 관한 관심과 논의가 연기교육에는 아직 미흡하다고 본다. 집단적 연기훈련과 더불어 개별적 훈련을 통한 보완, 그리고 그 지도방법에 대해 많은 연구와 시도가 있어야 한다.

필지의 판단으로는, 배우훈련은 크게 세 단계로 구성된다. 그 첫 단계는 텍스트의 사용을 최소화한 상태에서, 금기와 정신적 육체적 긴장을 제거하는 신체의 기본훈련에 치중하는 단계로, 배우는 호흡의 원리, 자연스러운 발성, 불필요한 근육의 긴장을 수반하지 않는 신체의 사용과 움직임, 감각과 정서의 기억을 통한 개인의 경험과 역사를 탐구하고, 외면되고 억압된 자아의 숨겨진 면들을 직면 내지 인정하고, 나아가 자아의 무한한 가능성을 체험하는 단계이다.

　　두 번째 단계는 텍스트를 도입하되 그 해석에 구애받지 않고 자유로운 표현을 추구하는 단계이다. 배우로서 희곡을 읽는 법은 연출가나 이론가의 독법과 다르다. 이 중간단계는 남이 해놓은 해석을 따르기 보다는 자신이 스스로 극예술가로서 희곡을 이해하고 해석하며 그를 자유로이 표현하기 위한 단계로, 배우는 전 단계에서 체득한 자유로운 표현의 도구로서의 자아와 예술가적 정신을 텍스트와 다양하게 결합하는 시도를 하게 된다. 발성은 발음과 화법의 교육으로 옮아가게 되고, 신체훈련은 금기의 탈피에서 특정 진실을 신체로 구현하는 방향으로 나아가고, 개인의 감각적 정서적 기억이 상상력과 결합되어 희곡과 접목되는 단계이다. 또한 인간행동에 대한 세밀한 관찰과 그를 자신 몸으로 옮겨오는 훈련, 그리고 나아가 그렇게 관찰로 체득한 외적 특성을 배우 자신의 내적 진실과 연결하는 훈련도 병행하게 된다. 그리고 이 단계에 이르러 배우는 자신의 진실을 비로소 상대배역의 연기자와 주고받는 것의 진정한 의미를 이해하고, 들숨과 날숨의 교차가 갖는 호흡의 원리가 바로 행동(action)과 반응(reaction)이라는 연기의 기본원리를 구성함을 배우게 된다.

　　마지막 단계는 텍스트의 특정 해석을 구현하는 능력에 집중하는 단계로 다양한 공연을 통한 실전훈련단계라 할 수 있다. 작품의 해석은 연출가의 몫이고 배우는 연출가의 해석의 울타리 안에서 자신의 배역을 최대한 소화해냄으로써 작품의 예술적 완성에 기여하는 방법을 익히게 된다. 이 시기에 배우는 작품에 대한 특정 해석과 연출가적 비전 안에서 극적 인물을 구현하기 위해 어떠한 발성과 화법이 필요하며 어떤 신체적 기법이 필요한지 스스로 판단하고 적용할 수 있는 능력을 배양하면서, 해석의 틀 안에서 각 인물에 혼을 불어넣는 궁극적 경지에 도달하는 훈련을 받게 된다. 이 시기에 배우는 현대의 다양화된 희곡의 양식과 공연양식, 연기매체에 따라 어떻게 인물의 구축방법이 달라져야 하는지에도 눈을 떠야한다. 또한 작품과 인물의 구현에 있어서, 예술적 창조의 균형성의 원리를 습득하게 된다. 작품이 추상적이고 형식적일수록 배우의 작업은 더더욱 구체적이어야 하고, 그 내용과 주제가 강렬할수록 이를 미적으로 승화하는 균형감각을 길러야 한다. 마지막으로, 이 단계에 배우는 관객과의 교감이 연기에 미치는 영향과 상관관계를 체험하게 된다.

이와 같은 단계적 훈련을 통한 연기훈련의 최종적 지향점은 마치 재즈연주에서 각 연주자들이 전체적인 음악적 틀 안에서 자신만의 예술적 감성과 진실을 유지하면서도 다른 연주자들과 청중들과 즉흥적으로 자유로이 서로 교감하며 하나의 멋진 음악을 만들어내듯, 어떠한 공연양식/장소/매체에서도 항상 생생하게 살아있는 인물을 창조하고 이를 바탕으로 진실하고 고양된 극적 장면을 구성함으로써 관객들과 삶의 진실을 마음으로부터 함께 나눌 수 있는 배우를 양성하는 것이다.

가 단계는 시간적 제약에 의해 다소 중첩되는 것이 불가피하더라도 최대한 분리시킬 수 있을 때까지는 분리하는 것이 교육적 목표에 부합한다. 아울러, 모든 교육의 궁극적 목표는 지식의 습득이 아니라 문제해결 능력의 부양임을 상기시킬 필요가 있다. 학부 4년, 대학원 2~3년이라는 시간적 제한이 배우훈련을 완성시켜줄 수는 없다. 그 기본 토대를 완성하는데 중점을 둘 수밖에 없다. 중요한 것은 교육과정을 완전하게 이수한

배우들이 현장에 나아가 주어진 역할을 예술적으로 창조하기 위해 무엇이
필요하고 그를 어떻게 소화할지를 알게 하는 것이다. 그리고 잠깐 등장하
고 사라지는 배우들과 일정 기간 후에는 매너리즘에 빠져버린 배우들이
즐비한 현실에서, 평생 예술가로 자신을 항상 재정립/재훈련할 수 있는 예
술가적 자세와 태도를 길러주는 것이다.

연기? 이 얼마나 가증스러운 단어인가! 만일 연기란 것이 지금껏 알려진 게 전부라면, 난 연기란 어떻게 해야하는 것인지 결코 알 수 없었을 것이고 앞으로도 절대 알 수 없을 것이다. 내 작품 속의 불쌍한 여성들은 너무나 완전하게 내 가슴과 머리 속으로 들어왔고, 관객들에게 그 여자들을 이해시키기 위해 내가 할 수 있는 모든 것을 다하려고 노력하는 와중에도, 난 그녀들을 위로해 주고 싶은 마음에 어쩔줄을 몰랐다. . . 그러나 위로받은 것은 그녀들이 아니었다. 조금씩 조금씩 그녀들이 나를 위로하고 있었다.

어떻게, 왜, 그리고 어느 순간에 이와 같이 다정하고, 설명할 순 없지만 부인할 수 없는 "교감"이 그 여자들과 나 사이에 일어나는지를 정확히 규명하는 일은 긴 시간을 요하는 너무나 어려운 일일 것이다. 변치않는 사실은 오직 하나, 세상 모든 사람들이 그 여자들을 의심하여도 나는 그 여자들과 아름답게 어울렸다는 것이다. 그 여자들이 눈물을 흘리고, 거짓말, 배반, 사랑의 결과로 고통을 받았다고 느끼는 이상, 그 여자들이 거짓말을 했든, 배반을 했든, 죄를 지었든, 장애를 가지고 태어났든 나는 절대 개의치 않는다. . . 나는 그 여자들과 함께 하면서, 그 여자들이 느끼는 감정을 샅샅이 찾아낸다. 고통에 대한 병적인 집착에서 그러는 것이 아니라, 여자들끼리 고통을 함께 나누고 슬퍼하는 것은 남자들이 베푸는 것보다 더 크고 섬세하며, 더 달콤하고 더 완전하기 때문이다.

– 두사

2.

메소드연기(The Method)란 무엇인가

"진짜 흥을 노래하고 진짜 한을 춤추어라"

이강백, <동지섣달 꽃 본듯아>

발생과 변천 바로 알기

메소드(method)라는 영어 단어는 우리말의 '방법'에 해당한다. 한자어로는
'法'이나 '道'라 할 수 있겠다. 모든 무술이 무술가 자신의 정신과 신체,
또는 그 무기의 사용법에 관한 '도'라면—예를 들어 검도는 칼을 '왜' 그
리고 '어떻게' 사용하는 가에 관한 것이다—메소드라는 것은 배우가 연기
를 함에 있어 그 **연기적 목표**를 실현할 수 있는 방법들이 존재한다는 믿
음에 근거해 계발된 **하나의** 배우훈련체계를 일컫는 말이다. 그리고 메소
드 연기법 안에는 세부적 훈련목표에 따른 테크닉(연기술)들이 존재한다.

여기서 우리는 메소드연기법에 관해 본격적으로 논의하기에 앞서, 우선적으로 앞 문장에서 강조된 두 단어에 주목해야 한다. 왜냐하면, 그에 대한 무지와 오해로 인해 불필요하게 지금까지 헤아릴 수 없는 예술적 정열과 노력이 허비되어 왔기 때문이다. 우리나라에서도 제대로 된 메소드연기는 가르쳐지지도 시도되지도 않았는데, 그에 대한 비판만 높다. 메소드연기는 스타니슬라프스키가 설정한 연기적 목표(살아있는 진실한 연기)를 실현하기 위해, **스타니슬라프스키와 그의 제자들에서 시작해 미국의 리 스트라스버그(Lee Strasberg)에 의해 고안/실험/발전되어온 하나의 연기 체계**를 지칭한다. 스타니슬라프스키 자체의 연기철학과 그 연기법은 '시스템' 이라는 용어 하에 불리는 것이 더 일반적이다. 스타니슬라프스키의 연기적 목표를 공유하면서도 그 강조점을 달리함으로써, 리 스트라스버그의 연기법과 구분되는 샌포드 마이즈너와 스텔라 애들러의 연기법도 하나의 메소드라 할 수 있다. 또한, 미하일 체홉은 미국으로 건너와 할리우드에서 스타니슬라프스키 시스템이 가지는 한계를 극복하기 위해 '상상력'에 가장 큰 주안점을 둔 자신만의 연기법을 가르쳤는데, 그의 연기법도 넓은 의미에서는 또 다른 하나의 메소드로 간주될 수도 있지만, 그 연기적 목표에 있어 다소 차이기 나기 때문에 논란의 소지가 있나. 반메소드연기법으로 실험극 주창자들에게 널리 환영받고 있는 그로토프스키(Jerzy Grotowsky)의 연기법조차도 그 시작은 스타니슬라프스키의 연기법에 근거하고 있기 때문이다. 일반적으로 좁은 의미의 메소드는 리 스트라스버그의 연기법(*The* Method)를 가리키고, 넓은 의미에서는 스타니슬라프스키 시스템에 근간을 둔 모든 연기법들을 포함한다.

메소드연기의 시작은 스타니슬라프스키가 대배우들-이태리 여배우 엘리노라 두사(Eleonora Duse)나 토마소 살비니(Tommaso Salvini)-의 연기를 심도 있게 관찰한 후, 공통되는 특성들을 발견하고 이를 실현할 수 있는 방법을 모색하는 것으로 시작되었다. 예를 들어, 대배우들은 연기할 때 긴장을 찾아볼 수 없고 무리 없이 그때그때 딱 알맞은 에너지를 사용하는데, 그렇다면 배우들에게 이와 같은 효율성과 능숙성을 기를 수 있는 방법은 무엇일까를 고민하였고, 그에 따라 긴장 이완과 관련된 여러 방법들을 발견하기에 이르렀다. 마찬가지로, 대배우들은 연기할 때 매우 집중된 모습을 보였고, 연기를 하는 것이 아니라 인물이 되어 무대 위에 살아 있는 것처럼 보이는데, 그에 따라 극적 몰입의 방법, 과장된 과잉연기에 반해 순간순간 살아있는 인물을 창조할 수 있는 방법들을 모색하였다. 고안된 방법들은 시행착오를 거쳐 스타니슬라프스키 시스템 하의 연기법들로 자리 잡게 되고, 이후 그의 제자들이나 미국의 연기교사들에 의해 더 다양한 방법들이 고안되면서, 메소드란 말로 본격적으로 불려지게 된다. 이전까지는 연기는 오직 타고난 재능을 가진 자들만이 할 수 있는 하늘이 내리는 기술이라고 여겨지던 것을 연기도 그 원리를 규명하면 교육과 훈련을 통해 습득할 수 있는 것이라는 인식의 전환이 일어난 것이다. 리 스트라스버그의 지적대로, 피가 체내에서 순환된다는 사실이 발견되기 이전에도 피는 우리의 몸속을 돌고 있었지만, 그 발견으로 인해 많은 새로운 의학적 가능성과 치료법들이 가능해진 것과 같은 원리라 할 수 있겠다. 각각의 연기법들은 더 나은 배우를 배출하기 위해 경쟁함으로써, 극예술가뿐만 아니라 일반인들에게까지 연기 자체가 화두가 되는 현상을 유발하면서, 전반적으로 연기에 대한 사고와 인식을 향상시키는 기여를 하였다.

하나의 연기법에 불과한 리 스트라스버그의 메소드연기법이 막대한 영향력을 행사하며 무수한 논란을 야기시켜 온 것은 그가 예술감독이자 연기선생으로 부임한 액터즈 스튜디오와 메소드를 체계화하기 위해 자신이 독자적으로 설립한 리 스트라스버그 연극학교를 통해 배출한 기라성 같은 배우들의 활약에서 기인하는 것이다. 제임스 딘에서 시작해 시드니 포이티에, 말론 브랜도, 알 파치노, 로버트 드 니로, 스티브 맥퀸, 더스틴 호프만, 폴 뉴먼, 잭 니컬슨, 진 핵크먼, 리 그랜트, 스탠리 킴, 제인 폰다, 엘런 번스틴, 하비 카이텔(알 파치노, 엘런 번스틴, 하비 카이텔이 지금 액터즈 스튜디오의 공동대표를 맡고 있다), 마틴 쉰, 알렉 볼드윈 등에 이르기까지 이루 헤아릴 수 없을 정도로 많은 액터즈 스튜디오 출신의 연기자들이 연극과 영화에 등장해 연기에 관한 기존의 틀과 관습을 완전히 붕괴시키면서 연기에 대한 패러다임의 일대 전환을 가져왔기 때문이다. 페기 퓨리(Peggy Feury)로부터 연기훈련을 받은 숀 펜(Sean Penn)과 같이, 액터쥬 스튜디오 출신에 의해 외부에서 훈련된 배우나 안젤리나 졸리(Angelina Jolie), 스칼라 조핸슨(Scarla Johanson)과 같이 리 스트라스버그 사후에 그의 제자들에 의해 리 스트라스버그 연기학교에서 훈련된 배우들까지 포함한다면 그 영향력은 이루 가늠하기 힘들 정도다. 인류 역사상 한 기관출신들의 배우들이 이렇게까지 전 세계적으로 사랑을 받은 경우는 없었기 때문에, 그들의 연기법 자체가 관심이 되었고, 무수한 배우지망생들의 숭배와 우상화의 대상이 되었을 뿐만 아니라, 그 반대급부로 시기와 비판의 대상이 되기도 했다.

여기서 논의하고자 하는 메소드라 불리는 연기법은 리 스트라스버그의 가르침 하에 액터즈 스튜디오와 리 스트라스버그 연극학교 출신들의 배우들이 채택하고 실천한 '하나의' 연기법에 불과하다. 분명, 연극과 연기에 대해 스트라스버그와 의견을 달리하는 연기론과 연기법들이 존재하고, 그 연기법들 역시 각각의 배우훈련체계를 가지고 있다. 또한 연극사에 큰 획을 그은 여러 연출가들은 자신이 추구하는 극세계에 부합하는 연기법을 찾기 위해 자신의 극단 단원들과 나름대로의 연기법을 실험해왔다. 이에 대한 자세한 논의는 이 책의 저술 의도를 벗어나는 것이므로 여기서는 언급하지 않고자 한다. 비메소드 연기법들은 메소드에 반발해 생겨나기기도 했고, 메소드의 단점을 보완하기 위해 시작되기도 했다. 모든 배우에게 똑같은 성과를 가져올 수 있는 훈련법은 없다. 배우 개개인의 타고난 자질, 성장배경, 경험세계가 다른 상황에서, 모든 배우에게 동일하게 적용할 수 있는 훈련법은 없다. 각각의 장단점이 있을 뿐이다. 더구나 시대와 사회가 달라지면 연극 제작의 주체들이나 그를 향유하는 관객들의 인식과 미적 감각이 변화하는 상황에, 미국에서 정립된 메소드가 지금 한국 사회에 위치한 우리에게 맹목적으로 동일하게 적용될 수는 없을 것이다. 그러나 메소드를 제대로 이해하고 이를 지금의 우리에게 적합한 연기법으로 수용하고자 하는 것은 메소드가 지금까지 입증된 가장 효과적이고 영향력 있는 배우훈련법이기 때문이고, 이를 바탕으로 21세기 연기의 경향을 주도하기 위한 노력인 것이다. 메소드연기훈련은 단순히 리 스트라스버그의 가르침을 전수하는 것을 목표로 삼고 있는 것이 아니라, 배우 개개인이 자신에게 맞는 연기법을 찾고 발견하도록 돕는 것에 주안점을 두고 있다는 것을 분명히 해두고자 한다.

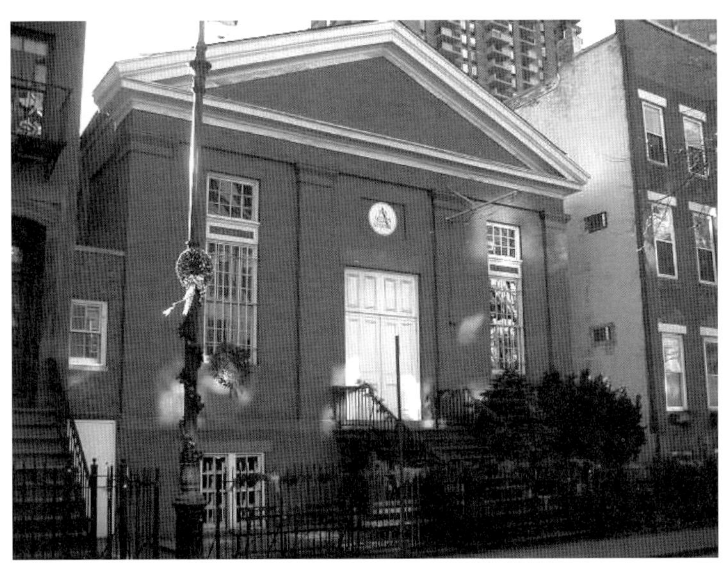

뉴욕시 웨스트 44번가에 위치한 액터즈 스튜디오 전경

액터즈 스튜디오의 설립 목적: 예술가로서의 중단 없는 자기수련

여기에서 액터즈 스튜디오란 곳이 어떤 곳이고 어떻게 운영이 되었기에 그와 같은 성과와 영향을 줄 수 있었는지에 대해 잠시 살펴볼 필요가 있겠다. 그러나 액터즈 스튜디오를 이야기하기 위해서는 먼저 그 전신이 되었다고 할 수 있는 그룹 씨어터에 대해 논의하지 않을 수가 없다. 1931년에 해롤드 클러먼(Harold Clurman), 리 스트라스버그, 셰릴 크로포드(Cheryl Crawford)에 의해 설립된 그룹 씨어터는 향후 미국 현대 연극의 중추적 역할을 하게 되는 연극인들을 배출한 극단으로, 리 스트라스버그 지도하에 스타니슬라프스키 시스템에 기반을 둔 연기법을 훈련하였다. 이 극단 소속 배우로는 향후 미국 연기계의 3대 거장인 리 스트라스버그, 샌포드 마이즈너, 스텔라 애들러가 모두 속해 있었다. 스텔라 애틀러가 파리에서 스타니슬라프스키와 직접 작업을 한 후, 돌아와 스트라스버그의 연기 훈련에 이의를 제기하면서, 사이가 벌어져 결국 각자의 길을 가게 된다. 이후 샌포드 마이즈너는 네이버후드 플레이하우스(Neighborhood Playhouse)에서 각 배우들 간의 교감과 상호작용에 중점을 둔 자신만의 연기법을 계발하고, 스텔라 애들러는 스텔라 애들러 컨설버토리(Stella Adler Conservatory)를 설립하여 스타니슬라프스키의 후기 연기이론의 중점인 신체행동(physical action)에 가장 큰 강조점을 두면서, 배우의 내적 정서적 진실보다는 등장인물이 가진 사회적 측면과 특성들의 구현에 중점을 둔 연기교육에 몰두한다.

액터즈 스튜디오는 1947년에 엘리아 카잔(Elia Kazan), 로버트 루이스(Robert Lewis), 세릴 크로포드에 의해 설립되었고, 이듬해인 1948년에 리 스트라스버그가 로버트 루이스를 대신해 예술감독으로 부임하면서 본격적인 궤도에 올랐다. 액터즈 스튜디오는 원래 극단도 아니고 학교도 아니다. 직업배우들이 작품에 출연하지 않는 시기에 예술가로서의 자신을 단련시키기 위해 리 스트라스버그와 회원들 앞에서 자신이 준비한 연기(대개는 독백이거나 두 인물간의 장면)를 선보이고 그에 관한 피드백을 받는 곳이었다. 뉴욕시의 웨스트 44번가에 위치한 액터즈 스튜디오에는 지금도 매주 화요일과 금요일 오전 11시부터 오후 1시까지 배우들과 회원들이 모여서 더 나은 연기에 대해 고민한다. 리 스트라스버그 사후 지금은 회원들 중에 선정된 중재자(moderator)가 그날 연기를 선보인 배우와 회원들의 중재 역할을 하면서 세션을 주도한다. 먼저 중재자는 방금 연기를 한 배

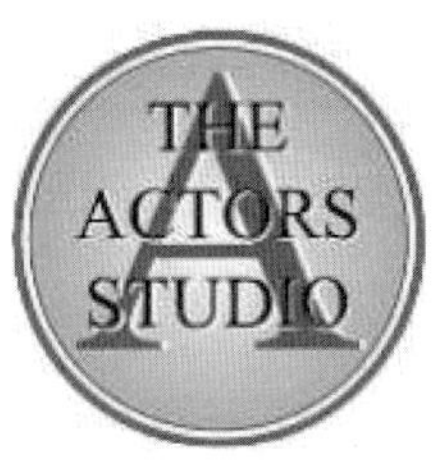

액터즈 스튜디오 심벌

우들에게 연기를 통해 '무엇'을 표현하기 위해 '어떻게' 준비하고 연기했는지를 묻는다. 그러면 배우의 답에 따라 그 배우의 의도가 얼마나 효과적으로 실현되었는지에 대해 회원들이 논평을 한다. 논의의 초점은 배우가 하나의 인물을 구현하고 장면을 준비함에 있어 얼마나 구체적이고 적합한 준비를 하였는지, 준비한 것이 제대로 진실하게 표현되었는지, 그리고 지금의 상태에서 다음에 할 과제는 무엇인지에 국한된다. 즉, 연기를 통한 개별 연기자의 예술가적 발전에 초점이 맞춰지는 것이다. 액터즈 스튜디오 배우들은 성공적인 배우가 된 후에도 예술가로서 자신에 대한 훈련을 게을리하지 않는 것이 예술가의 길이라 배웠고, 항상 자신을 점검하고 발전시키려는 그 예술가적 자세가 가벼운 연기가 판치는 연극과 영화판에 큰 예술적 차이를 가져오게 한 것이다. 피터 브룩은 자신의 대표 저서 <빈공간(Empty Space)>에서 액터즈 스튜디오의 의의에 대해 다음과 같이 저술하고 있다.

죽은 연극에 대한 확고한 인식과 더불어 이를 극복하려는 움직임이 활발하게 일어난 곳은 미국이었다. 액터즈 스튜디오는 아무런 재충전

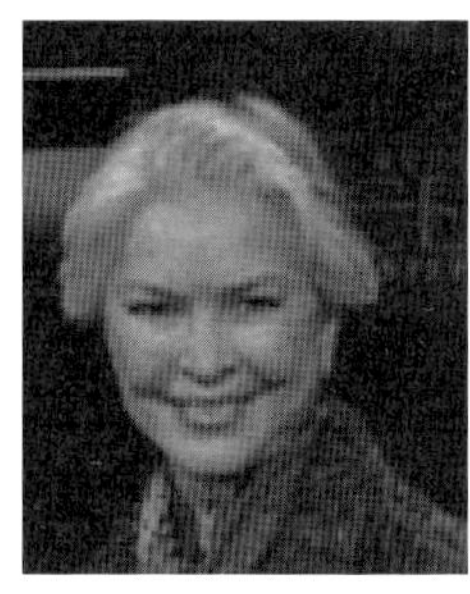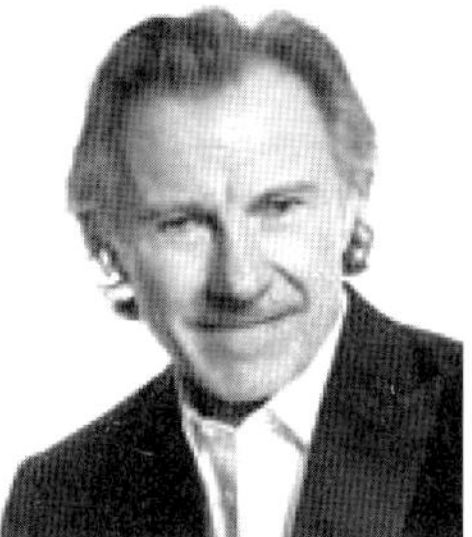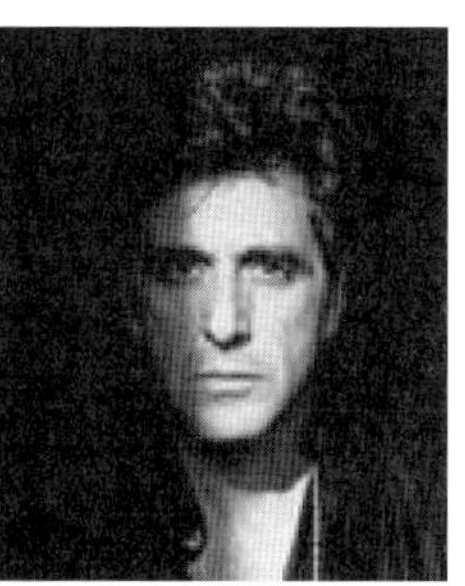

現 액터즈 스튜디오 공동대표: 앨런 번스턴, 하비 카이텔, 알 파치노

없이 계속되는 공연에 시달리곤 하는 불행한 연기자들에게 스스로
에 대한 믿음과 일관성을 부여해 주기 위해 몇 년 전에 설립되었다.
스타니슬라프스키 연극론에 대해 아주 조직적이고 진지한 자세로
연구함으로써 액터즈 스튜디오는 그 무렵의 대중들과 극작가들의
요구에 완벽하게 부응하는 중요한 연기학교로 발전해 나갔다. 이 학
교를 거쳐 나간 배우들은 여전히 삼 주 연습으로 공연에 임해야 했
지만, 이제는 거기서 배운 것이 뒷받침되어 첫 리허설에 빈손으로
나타나는 일은 없게 되었다. 이러한 가르침은 배우들의 작업에 힘과
깊이를 더해 주었다. 이곳에서 배우들은 현실에 대한 상투적인 모방
을 거부하고 그 자신 속에서 보다 진실한 어떤 것을 찾도록 훈련받
았으며 이것을 생생한 형태로 제시해야 했다.

액터즈 스튜디오의 배우들은 10 ~ 20년간 배우훈련을 게을리하지 않았다.
샌포드 마이즈너는 대배우가 되기까지는 20년 이상의 훈련이 소요된다고
하였다. 여기서 우리가 분명하게 배우고 넘어가야할 점은 위대한 예술가,
위대한 배우의 탄생은 저절로 이루어지는 것이 아니라는 사실이다. 올림픽

마라톤에서 우승하기 위해 마라토너는 기본 체력훈련에서부터 시작해 얼마나 많은 거리를 달리며 극한 상황에서 자신과 싸우는 법, 자신의 힘과 에너지를 가장 효율적으로 배분하는 법들을 배우는가? 고된 훈련 끝에 4년 만에 참가한 올림픽 마라톤에서 금메달은 한 명에게만 주어진다. 올림픽에서 메달을 받지 못한 선수가 얼마나 많고 그들이 결국 자신의 꿈을 접어야했음을 생각해 보면, 위대한 배우로 가는 길이 막연히 '영감'이나 '재능'에만 의존한다고 되는 것이 아님을 알아야할 것이다. **재능은 일순간 소진될 뿐, 배우를 평생의 예술가로 만들지 못한다.**

이렇게 배우 자신을 연극에서 있어서 중심예술가로 재정립하면서, 메소드연기는 많은 연출가들로부터 경계의 대상이 된다. 장기간에 걸친 훈련을 요하는 메소드훈련을 완전하게 소화해내지 못한 배우들로 인해 혼란과 혼선이 빚어진 것이 사실이지만, 메소드연기의 폐단을 논하기는 일은 그 이전에 메소드연기에 대한 비판을 둘러싼 연극계의 역학구조를 들여다보지 않고는 그 타당성을 담보하기 힘들다. 지금도 메소드연기에 관해 가장 비판적인 세력은 배우이기보다는 연출가들과 비평가들이라는 사실과 위대한 연출가들과 작업하는 배우들 중에는 대배우를 찾기가 힘들다는 사실은 흥미롭다. 연극이 여러 창조적 역량을 가진 예술가들의 합동 노력의 소산이라기보다는, 연출가가 가진 독특한 비전을 통일적으로 충실히 이행하는 것을 그 목적으로 한다고 믿는 연출가들에게 자신 스스로가 예술가임을 내세우는 메소드 배우들이 성가신 걸림돌이 될 수도 있기 때문이다. 극단이라는 구조를 통한 배우들의 연출에의 종속을 액터즈 스튜디오 배우들은 거부하였다. 또한 그들은 많은 예일대 출신들이 그러했던 것처럼 활동하는 예술가가 아닌 가르치는 기술자로 남기를 거부했다. 사이먼 맥버니(Simon McBurney)가 주도하는 세계 최고의 극단 Complicite는 자신들의 창작 작업의 원리로 단원들 간의 "충돌(collision)"을 들고 있다. 충돌을 통해 생성되는 것만이 진정한 협력으로 인정되고, 이것이 그들의 작업을 남다르게 하는 원동력이다. 고통 없이 새로운 것은 탄생하지 않기 때문이다. 물론 현대 연극에서 연출가의 중요성은 아무도 부정할 수 없고, 작품에 유기적 통일성을 부여하는 책임은 감히 다른 연극예술가들이 함부로 손상시킬 수 있는 영역이 아니다. 하지만 남다른 세계관과 예술관을 바탕으로 뛰어난 작품세계를 보여 온 연출가들 중에는 독재자가 많다는 사실, 비평가들이 숭배하는 그들의 작품성이 배우들과 디자이너들의 강요된 희생 위에서 가능했다는 사실은 공동작업과 예술가들 간의 협력을 생명으로 하는 연극의 진정한 발달을 위해서는 지양되어야할 바이다. 메소드연기는 앞으로도 발전하고 성장해야할 연기법이다. 지금까지의 성공으로 자만해서도 안 되겠지만, 뛰어난 배우들을 배출해온 연기법을 무턱대고 배척하는 것은 액터즈 스튜디오의 성공에 대한 질투와 견제 이상으로 간주하기는 힘들다.

예술가로서의 중단 없는 자기수련을 목표로 하는 액터즈 스튜디오는 까다로운 선발과정을 거쳐 극소수의 예술가들만을 평생회원으로 받아들이고, 평생회원들만이 연기를 준비해 다른 회원들에게 선보일 수 있다. 평생 자신을 계발해야하는 예술가로서의 책임을 반영한 것이다. 또한 외부의 시선과 판단으로부터 자유롭게 자신을 계발하기 위해서는 안전한 실험의 공간이 필요하고 그와 같은 이유로 인해 회원제로만 운영되는 비공개방식을 택하게 된 것이다. 그 때문에 비교(秘敎)적이라는 비판도 가끔 듣지만, 리 스트라스버그는 배우들에 대한 세간의 관심이 배우들의 예술가로서의 성장에 얼마나 큰 악영향을 미칠 수 있는지 간파하고 있었던 것이다. 보여주는 것 자체가 목표가 되어서는 진실보다는 인기에 영합하거나 과시에 더 많은 관심을 가질 수밖에 없기 때문이다.

또한 액터즈 스튜디오에는 배우, 연출가, 극작가의 세 분과가 있고, 이들의 협력 및 공동작업에 큰 강조점을 둔다. 이 세 예술가가 서로의 창작 과정을 진정으로 이해할 때, 그 이해를 바탕으로 긴밀한 창조적 공조가 가능하며, 그와 같은 공조로부터 위대한 예술작품이 태어날 수 있다는 믿음 때문이다. 배우들의 즉흥연기에서 대사의 영감을 얻는 극작가, 역으로 극작가로부터 작품과 인물에 대한 정확한 이해를 구하는 배우, 배우의 연기과정을 잘 이해하고 있는 연출가, 작품의 구성과 구현에 대한 전문가적 안목을 극작가에게 제시하는 연출가 등등, 이들은 공유된 예술적 목표와 연극언어를 바탕으로 진정한 예술가들의 공동/집단창작의 산물로서 연극을 제작하고자 하였다. 그것의 극명한 예가 엘리아 카잔, 테네시 윌리엄즈, 말론 브란도가 합작한 <욕망이라는 이름의 전차(A Streetcar Named Desire)>라고 할 수 있다.

그렇다면, 액터즈 스튜디오 배우들이 이렇게 오랜 시간 공을 들여 배우고자 한 그 메소드연기란 도대체 무엇인가?

메소드의 일차적 목표: 개인적 진실에 근거한 고유한 연기

연기를 유에서 유를 창조하는 예술적 행위라고 했을 때, 전자의 유는 배우 자신이고 후자의 유는 인물(캐릭터)이다. 그리고 상상력이 그 창조의 과정을 포괄적으로 관장하며, 인간 심리와 행동에 대한 관찰이 이를 뒷받침한다. 모든 예술가들은 자신의 경험을 바탕으로 자신만의 고유한 느낌과 사상을 표현한다. 화가는 다른 이의 시각에서 세상과 인간을 보고 그리지 않는다. 자신이 보고 느끼는 대로 그린다. 음악가는 악기를 통해 다른 사람의 느낌을 담으려고 하지 않는다. 자신의 음악적 감수성과 해석을 악기의 울림을 통해 담아내려 한다. 배우는 자신의 영혼과 신체를 떠날 수 없는 한, 남의 느낌과 감정을 표현할 수는 없다. 다른 인물의 느낌과 감정을 표현한다고 해도 어디까지나 자신의 영혼이 이해하는 정도에 한해서 표현할 수 있는 것이다. 일상적인 자아와는 다를지는 모르지만, 그것은 엄연히 자신의 신체를 통해서 표현되는 자신의 느낌과 감정이다. 다만 그것이 희곡이 부여하는 극적 상황에 따라 상상력과 관찰력에 의해 결합하고 적정 비율로 조정된 결과일 뿐이다. 음악은 악보라는 형태로 그 형식적 틀이 확고하게 짜여져 있지만, 그를 연주하는 음악가에 따라 그 음악적 표현이 달라지기 마련이다. 극작가가 대사만으로 창조해 놓은 인물도 언어와 극 구조라는 형식적 틀 속에서 그를 연기하는 배우에 따라 다른 인물이 만들어지는 것은 바로 이와 같은 예술적 창조의 과정에 있어서 그 주체자(배우)의 개입 때문인 것이다. 세계 최고의 두 배우에게 햄릿을 연기하라고 한다면, 분명 두 배우가 연기한 햄릿은 서로 다를 것이다. 주어진 형식을 채우는 내용은 예술적 주체에 의해 창조되는 것이고, 그 주체가 달라짐에

따라 그 내용이 달라지고 그에 따른 기존 형식과의 울림이 달라지는 것은
자명한 이치인 셈이다.

중요한 것은 자신의 내적 진실과 형식(틀)과의 균형점을 찾는 것이
다. 균형점은 고정된 점이 아니다. 매순간순간 적정선(delicate balance)을
찾기 위한 중단 없는 노력의 점이다. 풍선을 상상해보자. 풍선은 일정량이
상의 공기를 주입하면 터지는 하나의 틀을 가지고 있다. 이 풍선을 가장
탱탱하게 부풀릴 수 있는 자는 누구일까? 풍선이 터지지 않는 그 균형점
을 무수한 풍선을 터뜨려가며 찾은 자이다. 풍선이 터질 것에 대한 두려
움을 극복하지 못한다면, 내용으로 충만한 형식을 창조할 수 없는 것이다.
같은 원리가 음악가와 리듬/선율의 관계에, 배우와 인물, 대사와 호흡, 대
사와 느낌 및 감정의 균형점에도 적용될 수 있을 것이다. 희곡의 대사들
은 모두 빙산의 일각이다. 그것이 희곡을 소설과 너무도 확연하게 구분시
킨다. 그 대사들을 내뱉게 만드는 거대한 하부의 창조 없이 내뱉어지는
대사들은 모두 공허하다.

많은 연기법들은 이와 같이 배우의 창작과정에 작용하는 요소들이
서로 어떤 상관관계를 가지고 있으며, 어떤 제약적 조건에 의해 제한받는
지를 명확하게 인식하고 있지 못하다. 배우 각 개인이 가진 조건과 한계
가 다른 상황에서 일률적인 훈련법들만을 제공한다. 배우 개개인이 가진
집중력, 인식력, 사고력, 상상력의 발달 정도가 다름에도 불구하고 그에
맞는 개별적 훈련프로그램들을 가지고 있지 못하다. 스트라스버그는 각 요
소들을 개별적으로 훈련하면서도 동시에 통합적으로 융합할 수 있는 훈련
법을 모색하고자 하였다.

스트라스버그가 창작의 질료가 되는 '나'(배우 자신)를 강조한 것은 배우 자신의 예술적 영혼이 인물 창조에 가장 큰 역할을 하기 때문이며, 동시에 다름 아닌 자신의 신체를 통해 모든 것을 표현해야 하는 배우의 이중고를 누구보다 잘 인식하고 있었기 때문이다. 표현을 하지 않도록 교육받아온 배우의 영혼과 신체를 자유롭고 유연한 하지만 동시에 강력한 표현의 주체와 도구로 확립하기 위해서는 제일 먼저, 옳고 그름을 떠나, 자기 자신을 바로 바라보고 온전하게 표용하여야 한다. 자기 자신을 모르는 배우는 그만큼 자신이 가진 문제와 제약을 인식하지 못하고 그로 인해 표현이 일그러지기 마련이다. 그를 위해 스트라스버그는 배우 자신 안에 남아있는 감각의 기억, 정서적 기억을 들여다볼 것을 권한다. 왜냐하면 기억은 기억으로 남아있는 특별한 이유가 있기 때문이다. 이유가 없다면 잊혀지는 것이 기억의 자연적 원리이다. 기억은 그 본질적 속성상 과거의 사실과는 구분된다. 기억은 기억되는 과정에서 기억하는 주체의 수용과정을 거친 끝에 영혼의 한 부분(대개 잠재의식이나 무의식의 영역에서)을 당당하게 차지하고 있다. 이렇게 저장된 기억은 다이나마이트와 같은 폭발력을 가진 인간 경험의 결정체/응집체이다. 신체부위를 움직여가며 기억을 떠올리는 것(기억의 재경험)은 그 당시의 사실을 그대로 재현하는 것과는 상당한 거리가 있으며, 지금 현재의 자아의 상태에 따라 얼마든지 변형될 수 있다. 또한 이와 같은 이유로 인해 기억은 상상력과 결합했을 때, 얼마든지 변화무쌍하게 변화할 수 있는 여지를 제공하는 것이다. 스트라스버그는 바로 이와 같이 기억이 가지는 무한한 깊이와 폭의 가능성을 통찰하고 있었고, 다름 아닌 이 통찰이 그를 위대한 스승으로 만든 근본적 이유가 된다. 자신의 영혼 가장 깊숙한 곳에 위치한 진실을 어렵지만 용기를 내어 표현함으로써 액터즈 스튜디오 배우들은 다른 배우들과는 확연히 깊이의 차이를 가진 심층적 연기를 할 수 있었던 것이다.

인물 창조의 원리와 과정

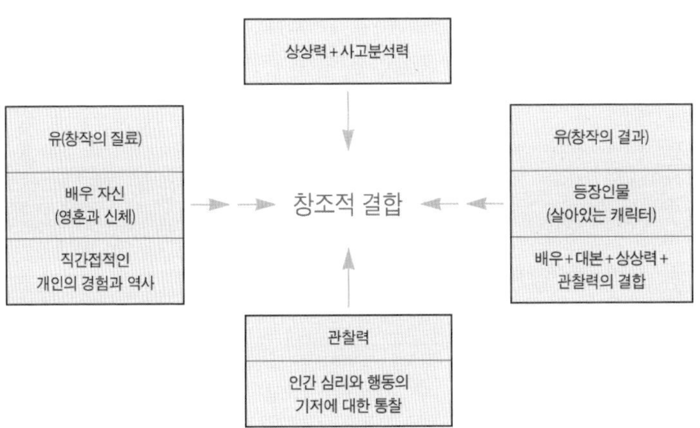

스트라스버그는 내적이든 외적이든 우선 선명하고 진실한 리얼리티를 창조한 이후에 그것이 상상력과 결합하도록 유도한다. 스트라스버그가 상상력에 그다지 주안점을 두지 않았다고 말하는 비평가들이 많으나, 사실 그것은 스트라스버그의 연기체계를 전혀 이해하지 못한 무지에서 빚어진 오류이다. 리 스트라스버그가 계발한 감각훈련법은 사고력, 집중력의 배양과 더불어 실제로 상상력을 발달시키는 가장 좋은 훈련법이다. 왜냐하면

상상력의 발달은 예민한 감각의 발달 없이는 불가능하기 때문이며, 상상력이 작용할 수 있는 확실한 질료로 배우 자기 자신을 삼기 때문이다. 확실한 질료에 작용하는 상상력은 그만큼 독창적이고 비상투적인 창작물을 낳는다. 많은 연기법들은 배우의 상상력에 큰 우선순위를 두면서도, 막상 시기별 단계별로 어떻게 상상력을 훈련시킬 것인가에 대해서는 별다른 해답을 가지고 있지 못하다. 심지어 상상력은 천부적인 것으로 치부하며, 교육자로서의 소명을 게을리하기도 한다. 심지어 스타니슬라프스키의 고전적 방법론인 "내가 만약~라면(magic if)"도 완전한 상상력의 소유자로서의 배우상을 설정했을 뿐, 막상 상상력을 계발할 수 있는 방법론을 찾는데 실패함으로서 그 한계에 도달하고 만다. 모든 예술의 창조과정에 작용하는 상상력이지만, 그 질료가 되는 구체적 리얼리티를 기반으로 하지 않은 섣부른 상상력의 강조는 인상주의적 연기, 단편적이고 단층적 연기를 양산할 위험을 안고 있음을 인식해야할 것이다. 이런 위험은 초보연기자들이 어떻게 연기하는지를 들여다보면 너무나 쉽게 목격할 수 있다. 초보연기자들은 누구나 할 것 없이 그저 상상만으로 연기하려고 한다. 그러나 대부분 그들의 상상은 진실하지도 구체적이지도 못할 뿐만 아니라, '연극적'인 것에 대한 허위적인 가정 위에서 인위적으로 연기하려고 든다.

리 스트라스버그는 배우 자신만의 경험과 상상력으로는 해결할 수 없는 부분은 세밀하고 예리한 관찰을 통하여 인물에 적합한 외적 특성을 배우 자신의 신체로 옮겨와야 할 필요성에 대해서도 누구보다 잘 인식하고 있었다. 그렇기 때문에 그는 관찰에 있어서도 그 철저함을 생명으로 삼았다. 예를 들어, 그의 동물훈련(animal exercise)은 실제 동물에 대한 오랜 관찰을 토대로, 그 외적 리얼리티를 하나하나 차근차근 배우의 신체로 옮겨오기 위해 많은 시간을 할애했다. 먼저 자신이 선택한 동물의 무게중심과 골격의 창조에서 시작해, 힘의 균형과 근육의 움직임을 추가했고, 동물이 가진 본능적 성향과 오감의 경험을 배우의 내부로부터 경험할 것을 요구했으며, 이어서 배우로 하여금 동물로서 다양한 활동들(가령 먹기와 놀이 등)을 하게했다. 이 단계에서부터는 관찰력만큼이나 상상력이 중요한 역할을 하게 된다. 그리고는 스튜디오 안에서 동물로서 다른 배우들과 교감하게 했다. 이어서 서서히 몸을 일으켜 인간의 신체에 동물의 특성을 그대로 유지하도록 시도하게 했으며, 궁극적으로 그 균형점을 찾을 때까지(다시 말해 배우가 인물창조의 질료로서 사용할 수 있게 될 때까지) 시행착오를 거듭하게 했다. 동물훈련 하나를 완전히 소화하기 위해서는 주 1회를 기준으로 했을 때 두 달 정도의 시간이 소요된다. 이런 과정을 착실하게 거쳐 창조된 캐릭터는 단순한 상상력과 영감의 작용으로 만들어진 인물보다는 훨씬 더 생생한 인물로 태어났다. 세밀한 관찰, 착실한 리얼리티의 창조, 그를 기반으로 한 상상력의 가미, 과정에의 충실이 낳은 중대한 결과의 차이인 것이다.

원인의 창조와 과정의 중시

이상의 배우의 역할 창조과정에서 리 스트라스버그가 일관되게 강조한 바는 리얼리티의 결과와 형태를 모방하기 보다는, 리얼리티의 원인을 창조하는 데 주안점을 두고, 그 창조과정의 방해요소들을 제거함으로써 살아있는 진실한 연기의 창조가 가능하게 하는 것이었다. 메소드연기가 배우의 신체 및 발성훈련에서 현재 가장 큰 영향력을 행사하고 있는 알렉산더 테크닉(the Alexander Technique)이나 링크레터(Linklater)의 발성법과 그 근본을 같이 하고 있는 것은 '결과'나 '효과'보다는 '원인'에 초점을 맞추고 '과정'을 중시하며, 정신과 육체의 일체성에 대한 믿음을 바탕으로 신체에 내재한 습관, 자동적 행위, 금기 등을 타파함으로써 내적 진실, 감정, 충동을 걸림 없이 드러내고 표현하는데(reveal/release) 역점을 두고 있다는 것이다. 신체가 가진 **완전성, 자연성, 무한 가능성**은 세 테크닉이 공유하고 있는 신념이다. 웅변조의 인위적인 연기가 팽배하던 과거에 메소드배우들은 그 인위성에 반발하여 기존의 신체와 발성 훈련에 등을 돌리고 메소드 연기법 안에서 일정부분 새로운 방법을 모색하였다. 그러나 이제는 메소드와 맥락을 같이 하는 훈련법들이 잘 체계화된 만큼, 배우훈련 과정에 알렉산더 테크닉과 링크레터 발성법을 꼭 병행하는 것이 좋겠다. 액터즈 스튜디오 드라마 스쿨에서는 알렉산더 테크닉이 신체훈련의 중심에 서 있으며, 기존의 발성 테크닉을 종합해 메소드 연기자에 맞게끔 고안한 '스타니슬라프스키 배우를 위한 발성과 화법'이라는 새로운 발성법을 시도하고 있는데, 이 역시 자유로운 신체가 가능하게 하는 무한한 표현의 가능성에 대한 믿음을 바탕으로, 소리의 근원이자 전제조건이 되는 의사소통의 욕구와 내적 진실이 소리를 통해 자연스러우면서도 강렬하게 전달되는데 중점을 두고 있다.

감정의 창조와 관련된 문제

리 스트라스버그의 메소드연기에 반대하는 이들은 인간의 감정은 인위적으로 유발되거나 제어할 수 없다고 하면서 마치 메소드연기가 오직 감정에 관한 훈련법인 것처럼 자주 오도한다. 메소드연기가 진실한 감정을 창조할 수 있는 역량의 배양에 큰 중점을 둔 것은, 연기가 개념이 아니라 살아있는 인간(등장인물)의 창조에 관한 것인 한, 연극이 인간의 자아/타자/사회와의 갈등과 선택, 혹은 인간존재 자체에 대한 물음인 한, 그리고 그와 같은 상황이 일상보다는 훨씬 더 강렬하게 집약되어 있는 것이 극의 구조인 한, 연기는 필연적으로 갈등을 겪으며 선택의 이르기까지의 인간영혼의 경험에 관한 것이고, 따라서 인간이 체험할 수 있는 그리고 '상상'할 수 있는 전 영역의 감정을 자유로이 능숙하게 구사할 수 있어야 하기 때문이다. 가장 섬세한 감정에서부터 가장 강렬한 감정에 이르기까지, 막연한 인상이나 흉내가 아니라, 매순간 진실되고 생생히 살아있는 경험으로 창조 및 재창조할 수 있어야 한다. 사상극이 아닌 이상 연극은 머리가 아니라 인간의 마음과 영혼에 관한 것이며, 인간의 마음은 한 순간도 삶에서 부닥치는 무수한 자극들이 빚어내는 느낌들과 감정으로부터 자유롭지 않다. 무감정조차도 하나의 감정일 수 있다. 이는 신체를 떠나서는 살 수 없는 인간의 존재조건에 의한 필연적 상황일 것이다. 감정 자체는 아마도 통제할 수 없는 것일 지도 모른다. 그러나 감정은 오감, 육감을 통한 인식이 신체 내에서 여러 요인들과 결합된 **결과**이자, **징후요, 증상**이라는 점을 기억한다면, 감정을 유발하는 원인을 창조하기 위해서 두렵고 부끄럽더라도 자신의 영혼 가장 깊숙한 곳까지 들여다보는 용기를 강조한 스트라스버그의 가르침이 왜 그토록 많은 배우들에게 거부할 수 없는 호소력을 가지며 결국 다른 배우들과는 확연히 구분되는 길을 가게 할 수 있었는지 유추해볼 수 있을 것이다. 스트라스버그와 그의 제자들은 불가능에 대한 도전 없이, 깊이에 대한 굽히지 않는 천착 없이, 진실을 말하고 찾고자 하는 용기 없이는 예술적 행위란 허위에 불과할 뿐이라는 것을 몸소 실천을 통해 보여주었다고 할 수 있다. 연기에 대해 생각을 가진 이들은 많지만, 그들이 스트라스버그만큼 많은 배우들을 길러내지 못한 것도 이와 같은 차이에서 기인하는 것이다.

재경험/재창조의 문제

배우의 역할 창조는 부단 인물 자체를 창조하는 것에서 끝나는 것이 아니다. 인물 창조만큼이나 힘겨운 과정이 여전히 남아있다. 그것은 바로 무수한 시간과 노력을 들여 연습한 것을 관객들 앞에서 '처음'하는 것처럼 전달해야한다는 것이다. 흔히 '기계적인 연기'라고 불리는 함정에 빠지지 않도록 배우는 매 공연마다, 영화의 경우엔 매 테이크(take)마다, 인물의 삶을 충실하게 **다시 살 수 있어야 한다.** 등장인물의 삶은 무대 위, 또는 카메라 앞에서의 무수한 순간들로 구성되어 있다. 영화에서 1초는 수십 개의 프레임으로 구성되어 있다. 그 정도로 미분화된 순간들을 진실하고 생생하게 반복적으로 창조할 수 있는 연기법이 인물을 진정으로 살아있는 인물로 창조하는 것이며, 수십 수백 회가 반복되는 동안에도 그 생생함과 활기를 조금도 잃지 않아야 한다. 하물며 공연의 현장성까지 가미되고 나면, 이와 같은 재경험/재창조는 배우에게 가장 큰 도전이 된다고 할 수 있겠다. 스트라스버그는 이와 같은 재창조의 문제를 배우의 주된 과제 중의 하나로 간주하였고, 그것을 기계적인 반복과 단호하게 구분하였다. 배우들

중에는 리허설마다 공연마다 이미 만들어진 것을 그냥 똑같이 반복하려고 하는 배우들이 있다. 정해진 시간에 정해진 위치에서 정해진 대사를 정해진 방식으로 반복하는 것 자체를 목표로 하고 있기 때문에, 그들의 연기에서는 살아있는 생명력을 찾을 수가 없다. 이와 같은 성향은 능숙한 배우일수록 더 심해지는 경향이 있다. 바로 매너리즘에 빠지기 때문이다. 문제는 인간이 기계가 아닌 이상 아무리 똑같은 것을 반복하려 하여도 매 공연마다 똑같이 재생되지 않는 점이다. 배우의 그날그날의 상태가 다르고 관객이 다르기 때문이다. 그렇다면, 완벽한 반복적 재생 자체가 태초에 불가능하다면, 그리고 공연현장의 가변성을 주어진 조건으로 수용한다면, 매 공연에 임하는 배우의 태도는 사뭇 다른 것이어야 하리라. 배우는 공연의 시작부터 끝까지 매순간을 충실하게 재경험하는데 주안점을 두어야 한다. 매순간의 경험은 배우 자신에서 창조되는 진실, 상대 배우에게서 전해지는 진실, 관객의 반응이 얽혀있는 경험이다. 어느 한 쪽도 그 끈을 놓아서는 안 된다. 자신 안의 내적 진실을 재창조하고 재경험할 수 있는 능력은 감각의 기억과 정서적 기억의 훈련을 통해 갖추어진다. 상대 배우에게서 전해지는 진실은 상대 배우의 능력에 따라 다르다. 문제가 되는 경우는 상대 배우의 역량이 미흡해 진실된 자극과 반응을 받을 수 없는 경우이다. 이때 상대 배우 탓만을 한다면, 진정한 배우라 할 수 없겠다. 상대 배우가 충분한 자극과 반응을 전해주지 않을 때, 그에 대비할 수 있는 방법을 마련해야 한다. 그중 대표적인 예가 '대입법(substitution)'이라고 하겠다. 물론 이상적인 경우는 대입법이 필요 없는 경우다. 두 인물이 생생하게 살아있다면, 두 인물간의 교감은 자연적으로 일어나고, 처음에 다소 막혀있더라도 약간의 연습으로 쉽게 해결될 수 있다.

　　배우의 인물창조는 리허설 이전 단계, 리허설 단계, 그리고 공연단계에 따라 다른 목표를 가지게 된다. 리허설 이전 단계에서는 자신이 창조하는 인물에 대한 심도 있는 이해와 연구, 그리고 그 표현을 위한 정서적 신체적 준비들이 개별적으로 이루어지지만, 리허설 단계에서는 각 인물들과 그들을 연기하는 배우 사이의 교감에 초점이 맞춰져야 한다. 정해진 안무에 따라 움직이는 법을 배우는 것이 아니라, 각 인물들이 함께 빚어내는 리얼리티가 진실하고 자유롭게 표현되고 변화하는데 역점을 두어야 한다. 주는 만큼 받고 받은 만큼 주는 것에서 시작해서, 준 것 이상을 받고 받은 것 이상을 줄 수 있는 단계로 나아가야 한다. 따라서 많은 대배우들이 되풀이해서 지적하듯이, 이 단계에서 '듣기'는 그 만큼 중요해진다. '듣기'를 통해 '어울림'(앙상블)을 창조하는 것이 가능해지고, **진실한 순간의 공동창조**가 가능해지기 때문이다. 마지막으로 공연 단계에서는 관객의 반응에 열린 태도를 견지할 수 있는 여유가 요구된다. 관객과의 접촉 경험이 많아질수록 이 능력은 향상되기 때문에, 배우훈련 단계에 공연이 도입된다면, 이 능력의 양성이 주목표가 되어야 한다. 하지만 이른 시기에 미숙한 배우들에게 공연 경험을 과다하게 요구하면, 배우들은 연기의 '보여주는' 측면에 더 많은 관심을 갖게 되거나 나쁜 연기 습관으로 이어질 가능성이 크므로, 이 과정은 반드시 최종단계로서 시도되어야 바람직하다고 하겠다.

사실적 연기와 진실한 연기

메소드연기는 '사실적' 연기라는 잘못된 견해가 팽배해있다. 메소드연기는 **진실한 연기**를 그 목표로 한다. 관객은 극장에 와서 배우들을 지켜보면서, 배우들이 느끼고 경험하는 만큼(또는 그보다 적게) 극적 체험을 한다. 배우가 자신이 느끼지도 않는 느낌, 감정, 생각, 정서를 느끼는 '척'한다면, 관객은 냉랭한 상태로 지켜보거나 시큰둥한 태도를 견지하기 쉽다. 그런 배우의 연기는 관객의 머리에만 미칠뿐, 관객의 몸과 마음 속으로 깊이 파고들지 못한다. 그리고 연극에서의 체험은 일상적 체험과는 다른 **고양된** 체험이다. 연극 자체를 일상과 다름없게 표현하려는 시도도 있고, 그 타당성에 대한 논의는 차치하더라도, 2시간 내외의 극적 시간은 일상의 시간보다는 훨씬 더 집약된 시간이고, 따라서 그 안에서 일어나는 등장인물들의 체험도 훨씬 집약된 것이다. 따라서 집약된 인간 경험을 진실하고 완전하게 표현하는 것을 목적으로 하는 메소드연기가 오직 사실적인 연기를 위한 것이라는 선입관은 전적으로 그른 것이다.

사실적이고 자연스럽다는 느낌은 우리가 일상에서 경험하고 용납하는 수위 내에서 모든 것이 이루어질 때 드는 느낌이다. 예를 들어, 일상생활에서 보통 사람보다 훨씬 큰 소리로 이야기하는 사람은 이상한 사람이 되어버린다. 우리는 매일 매일을 살아가면서 우리가 보고 듣고 느끼는 대로 마음껏 표현하면서 살지 못한다. 하지만 메소드연기자에게 무대라는 공간은 그와 같은 보이지 않는 표현의 제한 장벽을 걷어내고 인물의 경험을 완전한 형태로 표현해야 하는 곳이다. 따라서 자연스러운 연기나 사실적인 연기 자체가 메소드연기의 목표가 될 수가 없다.

사실적인 것과 문예사조로서의 사실주의는 구분되어야 한다. 또한 학자나 비평가가 말하는 사실주의와 배우의 사실주의도 다른 것이어야 한다. 희곡이나 연극에 관한 논의가 거의 대부분 학자나 비평가들에 의해 이루어지다 보니, 배우들이 작업에 임함에 있어 이 부분에 많은 혼선이 있다. 작품의 장르나 공연양식에 상관없이, 배우는 자신이 창조하는 인물이 관객에게 사람으로 인식되는 한, 사실주의적인 연기를 하는 것이다. 비사실적인 연기는 인물 자체가 존재하지 않거나, 인물이 사람이 아닌 존재를 연기해야 할 때이다.

물론 메소드연기가 언어가 가장 큰 중심이 되는 미국 연극의 전통에서 발달하다보니, 사실주의적 연극에서 가장 많이 적용되고 사용된 것은 사실이나, 메소드연기 자체의 목표는 사실적 연기의 소화에 국한된 것이 아니다. 알 파치노가 <뉴욕광시곡(*Looking for Richard*)>에서 리처드 3세를 연기하기 위해 어떤 준비를 해나가는지를 보면 알 수 있듯이, 메소드연기자들에게 가장 인기 있는 극작가는 셰익스피어이다. 어느 누구도 셰익스피어의 극을 사실적이라고 부르진 않을 것이다. 셰익스피어 극의 대사들은 그 자체로 거대한 도전이지만, 메소드연기자들이 그런 셰익스피어의 연극을 사랑하는 것은 셰익스피어 연극에 등장하는 인물들의 경험의 폭과 완전성을 메소드연기자들은 사랑하기 때문이다.

연극이 다른 공연예술과 차별되는 점은 대사(언어)가 중심이 되기 때문이다. 언어의 모순성에 대한 반발로 비언어적인 연극, 무용과의 접목을 시도하는 연극들이 없는 것은 아니지만, 그것은 필자가 보기에는 어디까지나 주변적인 시도들이다. 지금까지 연극적으로 가장 큰 영향력을 행사한 국가들은 고대 희랍이나 셰익스피어의 영국의 예에서 보여지듯이 위대한 희곡과 극작가들을 배출한 국가들이다. 미국 연극의 위상도 액터즈 스튜디오와 직간접적으로 관련을 맺은 극작가- 테네시 윌리엄즈, 아더 밀러, 에드워드 올비- 들이 메소드배우들을 고용해 심도 있는 작품을 선보이면서부터이다. 텔레비전과 영화의 번성으로 연극의 위상이 위축된 상황을 타개하고자 비언어적 연극이 활황하였으나, 이야기의 전달은 연극이 가진 가장 본질적인 기능이자 장점이다. 연극의 원형이 제의에서 시작되었고 비언어적이었기 때문에 과거로 돌아가자는 움직임이 있으나, 그들은 연극의 원형이 가지는 '원시성'으로 인해 연극과 현대의 관객 사이의 골을 더 깊게 할 뿐이라는 사실을 외면하고 있다. 또 한 가지 연극의 위상을 움츠러들게 하고 있는 것은 연출가의 위상의 지나친 확대이다. 연극의 중심은 단연 배우이다. 왜냐하면 배우들이 관객과 직접 대면하기 때문이다. 종합예술인 연극에서 다른 어떤 극예술가도 관객과 직접 대면하지 않는다. 오직 배우들만이 현장에서 관객과 함께 경험을 한다. 그러나 연출가의 위상 확대가 지적이고 추상적인 연극의 양산을 가져왔다. '참신성'이라는 자본주의의 상품성의 논리에 휘말려 지나치게 개념적이고 현란한 공연들이 난무하고, 배우를 연출기의 부품으로 전락시킨 연극들이 늘어감에 따라, 관객들의 마음은 점점 더 연극으로부터 멀어져가고 있다. 그런 연극을 '실험적' 또는 '예술적'이라 칭송하는 비평가들의 책임도 크다. 그런 면에서 메소드연기는 진실한 연기를 생(라이브)으로 보면서 관객들의 마음을 움직임으로써 배우들을 연극의 중심에 다시 위치시키는 연기법이다. 위대한 가수의 노래를 직접 듣기 위해 인산인해를 이르며 공연장을 찾는 사람들을 생각해보라. 무엇이 그들로 하여금 공연장을 찾게 하고 그토록 환호하게 하는가? 그 가수들의 노래와 공연이 관객들의 머리가 아니라 마음에 호소하기 때문이다.

메소드연기훈련의 최종적 목표

연기는 책으로 배우는 것이 아니라, 몸으로 터득하는 것이다. 그러므로 이 책도 실제 현장에서의 훈련과 병행에서 자신의 연극행위와 연기에 대해 이해를 높이고자 활용되는 것이 가장 바람직하다. 책을 통해서 전수될 수 있는 부분은 메소드연기의 철학과 목표이지 실제 각 테크닉의 주효성은 책으로 판단될 수 없다.

아울러, 필자는 메소드 이외의 연기법으로 더 나은 배우를 배출할 수 있는 가능성을 부인하지 않는다. 누군가 실제로 메소드와는 다른 연기법으로 더 나은 배우를 배출할 수 있다면 실로 반가워할 일이다. 많은 이들이 훌륭한 배우의 훈련에 더 많은 진지한 관심을 가지게 된다면, 우리 연극 영화계의 고질적인 고민거리였던 배우의 부재라는 문제는 더 이상 불거져 나오지 않을 것이기 때문이다.

실제 메소드연기의 연기술들을 하나씩 익혀가기 전에 배우들에게 당부해둘 것이 하나 있다. 바로 테크닉은 결국에는 잊기 위해 배운다는 역설적 원리이다. 세상의 모든 기술 습득이 그러하지만, 하나의 기술이 숙련될 때까지는 상당한 시간과 노력이 필요하고 필요한 과정을 거쳐 가야 한다. 긴 시행착오와 고민, 그리고 그를 이겨내려는 끝없는 완성의 노력은 진정한 예술가나 장인이 되기 위한 필수과정이다. 그 과정 없이 위대한 예술은 태어나지 않는다. 최고의 도자기를 만들어 내기 위해 일반인들의 눈에는 훌륭하기 그지없는 멀쩡한 도자기들을 무수히 깨뜨려버려야 하는 도공의 장인정신에서 볼 수 있듯이, 훈련의 고된 과정을 이겨가는 의지와 완성을 향한 정열, 불굴의 노력은 훈련 단계 전반에 걸쳐 각 훈련법을 터득하면서 함께 길러져야할 덕목이다. 예술가가 되기를 포기하도록 유도하는 많은 유혹들이 배우의 삶에 존재하는 상황에서, 삶의 경험으로부터 새로운 의미들을 항상 재발견하고 그에 따른 실천적 표현방법들을 끊임없이 모색해야하는 것이 예술가로서 배우의 운명이다. 더 이상의 도전과 위험을 무릅 쓸 용기와 정열이 없을 때 배우는 예술가임을 중단하는 것이기 때문이다.

그러나 그 습득의 과정을 충실히 이행하고 났을 때에는 더 이상 테크닉을 의식할 필요가 없게 된다. 자신의 몸속에 완전히 체화되어 작동하기 때문이다. 연기를 할 때 관객의 눈에 테크닉이 보이게 되면 그것은 그 배우의 연기자로서의 미숙함을 드러내줄 뿐이다. 다시 말하거니와, 메소드연기훈련의 최종목표는 각각의 배우가 자신에게 맞는 자신만의 연기법을 발견하기 위한 것이며, 메소드나 연기 테크닉이 필요치 않는 예술적 경지에 오르기 위함이다. 자신의 테크닉으로로부터조자 자유로운 경지, 오식 충만한 예술적 혼이 자유로이 춤추는 경지를 메소드배우는 지향한다.

이상에서의 논의를 바탕으로 메소드연기훈련의 최종적 목표를 정리해보면 다음과 같다.

메소드연기훈련은

감각의 경험에서부터 시작되는 몸과 마음의 밀착된 경험을
창조/재창조할 수 있는 능력을 배양하고, 원인과 과정에 충실하며,
인간 행동과 심리의 근원에 천착하면서,

1. 진실성/절실함
2. 구체성
3. 크기/완전성/온전함
4. 자유로움/거침없음
5. 생동성/살아움직임
6. 중심/균형/절제
7. 시간성(역사성)과 즉흥성(순간성)의 공존
8. 기억+현실+상상의 결합
9. 방향성/목표/대상
10. 소통/안과 밖의 끊임없는 상호작용/공명

이 모든 것이 동시에 그리고 손쉽게 가능한 상태를 지향한다.

3.

긴장의 이완(Relaxation)

연기훈련은 긴장의 이완에서 시작해서 긴장의 이완으로 끝난다고 말해도 과언이 아니다. 그것은 바로 긴장의 이완 없이는 아무리 좋은 연기법과 연기술도 그 올바른 습득이 불가능하며, 어렵게 습득한 모든 연기법과 연기술이 온전히 제대로 작동하기 위해서도 긴장 이완이 선행되어야 하기 때문이다. 그런데 거의 모든 연기훈련법이 긴장의 이완으로부터 시작되기 때문에, 긴장 이완이 마치 배우훈련의 초기 단계에 국한된 것처럼 착각하거나 거추장스럽고 귀찮은 일로 소홀히 되는 경우를 자주 발견할 수 있다. 사실은 배우훈련의 시작에서 끝까지 전 과정/단계에 걸쳐, 긴장의 이완과 이완된 상태의 유지는 항상 강조되어야할 바이다. 더구나 배우에게 긴장

이완은 배우훈련의 종료와 함께 끝나는 것이 아니다. 배우로 살아가는 동안 자신의 삶 속에서, 연습장에서, 실제 연기 상황에서, 항상 긴장이 이완된 상태를 유지하려는 의식과 의지가 요구된다. 우리의 신체는 일차적으로 물리적인 중력의 법칙으로부터 자유롭지 못할 뿐만 아니라, 삶 자체가 수반하는 끊임없는 긴장에 정신적/감정적/육체적으로 노출되어 있다. 이와 같은 이중적 속박을 **상쇄하려는 의지와 의식**이 없다면, 우리의 신체는 결국에는 긴장의 상태에 굴복할 수밖에 없는 불리한 존재상황 속에 놓여있는 것이다. 긴장이 문제가 되는 것은 자기 자신을 표현의 도구로 삼고 있는 배우에게 자유로운 에너지/기의 흐름을 방해하거나 차단하거나 원천봉쇄함으로써, 완전한 표현을 불가능하게 하기 때문이다. 이와 같은 상황을 분명하게 의식하고 실천하지 않는다면, 훈련의 전 과정을 마친 후에도 본인이 원하는 만큼의 연기를 구현할 수 없다.

음악가는 연주를 하기에 앞서 악기의 상태를 점검한다. 바이올린 연주가들은 현들이 자신이 원하는 정확한 음을 낼 수 있도록 잘 조율이 되어있는지 점검을 하고, 이상이 있을 시에는 이를 정확하게 수정할 줄 안다. 무용가들은 연습과 공연에 앞서 적절한 스트레칭으로 각 신체 부위가 표현을 위한 최적의 상태가 되게 한다. 그런데 유독 연기자들은 연습이나 공연 전에 자신의 심신을 인물을 창조하고 인물로서의 삶을 살기에 적합한 상태로 만들려는 노력을 게을리하고, 또 어떻게 해야 그런 심신의 상태를 갖출 수 있는지에 대해서도 무지한 경우가 많다. 자신의 몸과 마음이 표현의 수단이 되는 배우들에게도 자신의 심신의 상태를 정확히 진단하고 필요한 부분을 수정/조정할 수 있는 능력은 필수적이다.

긴장 이완의 단계별 목표와 방법

1단계: 내 마음과 몸을 서로 연결하기

  1) 뼈 마디와 근육을 하나씩 하나씩 움직여 보면서 내 몸 들여다보기/듣기/읽기

  2) 내 몸 각 부위에 저장되어 있는 암호들을 세밀하게 해독하고 그 잠금장치를
제거하기

  3) 몸 각 부분으로부터 시작되는 느낌들이 내 마음에 온전하게 다다르게 하기

  4) 역으로, 내 마음의 느낌과 생각이 몸의 각 끝부분까지 골고루 미치게 하기

2단계: 내 마음과 몸을 백지상태로 만들기

  1) 내 몸 안에 공명하는 공간의 창조: 중력에 역행하기

    — 머리와 척추의 균형으로부터 시작되는 중립적인 자세 찾기

    — 척추 각 마디마다 원래의 공간 되찾기

    — 미간, 입과 턱, 목, 어깨, 가슴이 항상 긴장으로부터 자유로운 상태 만들기

    — 골반과 다리가 이어지는 관절, 무릎관절 풀기

  2) 정신적 긴장으로부터의 해방: 무념무상

    — 잘 해야한다는 압박감, 결과에 대한 집착이 표현에 가장 큰 장애가 됨을 알기

    — 연습장/무대 밖에서의 일상적 스트레스와 긴장으로부터 스스로를 차단하기

  3) 호흡과 기의 일치를 통해 편견/수줍음/두려움이 없는 자유로운 영혼의 상태로 가기

3단계: 내 마음과 몸을 효율적으로 활용하고 관리하기

  1) 머리와 척추의 균형으로부터 시작되는 중립적인 자세 유지하기

  2) 나의 몸과 그 주변을 3차원적으로 인식하기

    — 머리 뒤에서부터 보기 + 등 의식하기

  3) 주어진 과제에 적절한 만큼의 힘과 기를 사용하기

  4) 힘과 기가 원활하게 흐르는 상태를 유지하기

빈 공간의 회복

앞서 말했듯이, 우리의 신체는 물리적 중력의 법칙이 주는 중단 없는 영향 하에 놓여있다. 우리가 의식하지 못하는 사이, 중력은 우리의 신체 내에 자연적으로 존재하는 울림의 공간들(뼈마디 사이의 공간들, 입 속 공간 등)을 아래로 끌어당김으로써 축소시킨다. 또한 사회의 구성원으로 살아가야하는 각 개인의 성장과정과 경험들은 생존을 위해 그때그때 특정 골격과 근육에 금기나 안전장치를 마련함으로써 울림의 공간들을 변형시킨다. 이렇게 축소되고 변형된 빈 공간들을 회복하는 것이 온전한 공명장치와 표현의 도구로서의 신체를 회복하는 길이며, 그것은 머리와 척추의 균형점을 되찾는 것에서 시작되어야 한다. 왜냐하면 우리 신체 중에서 가장 큰 중량을 가진 머리가 하나의 긴 막대와 같은 척추 위에서 놓여있음으로써, 그 균형에 따라 신체의 각 마디마디의 구성과 구조, 긴장 정도가 달라지기 때문이다.

불필요한 긴장의 의미

그렇다면, 여기서 우리는 연기에서 말하는 긴장이라는 단어의 정확한 의미부터 정의해야할 필요가 있다. 긴상이라는 것은 신체 안에 힘/에너지/기가 응집되는 상태를 지칭하는 말이지만, 연기훈련에서는 **주어진 과제가 요구하는 것 이상으로 불필요한 힘/에너지/기가 신체의 특정 부위에 고착되는 상태**를 지칭하는 말이다. 이렇게 고착된 에너지/기는 신체 전반에 걸쳐 원활한 기의 흐름을 방해함으로써, 자유로이 살아 움직이는 표현을 불가능하게 한다. 쉽게 말하자면, 흔히 쓰는 "불필요한 긴장"이라는 표현의 줄임

말이라 할 수 있겠다.

긴장하면 선뜻 육체적 긴장을 떠올리기 쉽고 많은 연기훈련법들이 육체적 긴장의 이완에 많은 시간과 노력을 할애하지만, 실제 연기훈련에서 보다 문제가 되는 부분은 정신적 혹은 심리적 긴장이다. 그리고 많은 경우 정신/심리적 긴장은 육체적 긴장을 수반한다. 육체와 정신은 상호의존 관계에 있다는 사실을 상기한다면, 이는 극히 당연하다 하겠으나, 서양의 이분법적 문화가 널리 확산되면서, 우리도 점점 더 육체와 정신을 분리해서 취급하는 성향을 보이고 있다. 이 책에서는 불가피한 경우를 제외하고는, 육체와 정신을 하나로 통합해 간주하는 단어로 신체를 사용하고자 한다. 개인의 **신체** 안에는 삶을 살아오는 동안 체험한 모든 육체적 정신적 심리적 경험들과 그 흔적들이 기록되어 있기 때문이다. 배우가 특정 신체 부위에 유난히 긴장이 많이 들어간다면 그것은 단순히 육체적인 문제가 아니다. 어떤 경험과 성장과정이 그 부위에 긴장을 낳게 했는지 배우 개인의 역사를 되돌아보고 그 근본적 원인을 찾지 않으면, 많은 경우 낭패를 보기 십상이다. 그런 면에서 알렉산더 테크닉이 현대 연기훈련에서 큰 비중을 차지하고 있는 것은 당연해 보인다. 메소드훈련과 알렉산더 테크닉 훈련을 병행한다면 훈련의 효과가 극대화될 것이다. 결과보다는 원인과 과정을 중시하는 두 훈련법은 그 근본 철학에 있어 많은 공통점과 유사점을 가지고 있다.

신체의 각 부위를 최대한 세분화해서 그 마디와 주변 근육을 다양한 각도로 평소에 습관적으로 사용하는 것과는 다른 방향으로 움직여봄으로써, 우리는 무의식중에 자신의 신체 안에 저장되어 있는 기억들과 만날 수 있는 기회를 마련할 수 있다. 때로는 갑작스럽게 되살아나 밀려드는 기억으로부터 제어할 수 없을 듯한 감정이 솟아오르는 경험을 하게 될 것이다. 이때, 고통스럽더라도 이를 억누르지 않고 소리(모음)를 통해 몸 밖으로 내뱉어내는 노력이 가장 큰 도전으로 다가올 것이다. 그리고 이 작업은 배우로 하여금 정신과 육체의 각 부위를 의식적으로 유기적으로 연관 지을 수 있는 능력을 배양해줌으로써, 에너지/기가 특정 부위에 갇히는 현상을 예방하고, 부지불식간에 배우의 의도와는 상관없는 불필요한 신체적 움직임이 제어될 수 있는 가능성으로 향하게 한다.

긴장의 원인을 추적하고 제거하는 과정은 매우 더디고 복잡하기 때문에, 때론 많은 용기를 필요로 하기 때문에, 배우가 이를 소홀히 하거나, 외면하거나, 때론 훈련을 거부하는 경우까지도 생긴다. 필자는 그런 방어적 자세나 태만으로 인해 배우훈련을 마친 후에도 긴장의 해소에 애를 먹는 배우들을 많이 보아왔다. 다시 한 번 강조하지만, 강인한 의지 없이 대배우로의 재탄생은 불가능하다. 바이올린을 예로 들어보자. 어떤 바이올린은 그 값이 천문학적이다. 그 이유가 어디에 있을까? 왜 바이올린 연주자들이 그렇게 좋은 바이올린을 갖고 싶어하는 것일까? 배우는 자신의 표현의 도구로서 자신의 신체가 얼마만큼의 값어치가 있는 악기로 만들고 싶은가? 그 시작은 바로 긴장 해소를 위한 끊임없는 노력과 의지에 있다.

존재감의 극대화

긴장 해소를 통해 배우는 주어진 상황과 연기과제에 꼭 알맞은 힘/에너지/기를 효율적으로 사용할 수 있는 능력을 배양하게 되며, 힘/에너지/기가 신체 전반에 걸쳐 원활하게 소통됨으로써 자신이 표현하고자 하는 바가 신체를 통해 온전하게 표현되는 기쁨을 누리게 될 것이다. 그러나 보다 중요하게 긴장의 해소를 통해 도달하려는 궁극적인 경지는 **배우의 존재감을 극대화**시키는 데에 있다. 흔히 우리는 어떤 배우가 무대에 서면 "무대가 꽉 차 보인다"라는 느낌을 받게 된다. 그렇다. 배우는 자신이 언제 어디에 있는지 간에, 그 존재의 느낌이 강렬하게 사람들에게 와 닿아야 한다. 공연이라는 형식을 통해 배우와 관객이 직접 한 공간에서 만날 때, 관객이 그 배우의 존재감을 체감하는 정도에 따라 그 배우의 연기에 대한 관객의 경험도 달라진다. 배우와 마찬가지로 자신의 신체가 표현의 도구인 무용수들을 예로 들어보자. 공연장에 가보면, 안무에 따라 똑같은 동작을 하고 있더라도 사람들의 시선을 유독 끄는 무용수들이 있다. 다른 무용수들과 훈련의 정도도 같아 보이지만, 그들의 동작이 훨씬 더 강렬하게 다가온다. 그 이유가 뭘까? 흔히 스타라고 하는 배우들을 눈여겨보면, 단순히 외모가 출중하기 때문이기 보다는, 사람들에게 강한 호소력을 갖는 존재감을 가지고 있다. 그들의 신체에서 긴장을 찾아보기는 힘들다. 부처나 예수, 또는 성인들을 그려놓은 그림들을 보면 머리 뒤에서부터 뻗어 나오는 '후광'을 쉽게 볼 수 있다. 동서양 그림에 공통적으로 나타나는 이와 같은 현상은 우연이 아니다. 타인들에게 자신의 존재감을 확실하게 심어주는 사람들에게는 눈에 보이지는 않지만 공통적으로 확인되는 것이 있다. 바로 **신체 전반에 걸쳐 충만한 자유로운 에너지/기의 흐름**이고, 그 흐름은 개인의 신체 안에만 머무는 것이 아니라, 외부 세계와 타인들을 향해 뻗어 나온다. 이와 같은 궁극적 경지는 겉으로 쉽게 흉내 낼 수 있는 차원의 것이 아니라 배우의 신체 내부의 깊숙한 곳에서부터 묻어 나오거나 뿜어져 나오는 것이며, 신체 내의 빈 공간을 원형 그대로 회복하는 것으로 시작되는 긴장의 해소에서 그 비법을 터득할 수 있는 실마리를 찾을 수 있을 것이다.

결과에 대한 집착에서 오는 긴장

의외로 배우의 훈련과정에서 가장 큰 장애가 되는 것은 정신적 심리적 긴장에서 비롯된 경우가 많다. 앞서 지적했듯이, 표현하지 않는 것이 안전하고 편한데, 잠금장치를 막상 해제하다보면, 두려움이 생기기 때문이기도 하겠지만, 그와는 사뭇 다른 또 한 가지 긴장이 존재하는데, 대개 연기를 '잘 해야 한다'는 심리적 압박감이나 다른 배우들과 자신을 비교하면서 생긴 자의식 등이 원인이 된다. '최고의 배우가 되겠다'는 각오조차도 막상 연기에 임하는 배우들에게는 종종 악영향을 끼치기도 한다. 이런 심리적 긴장은 필요 이상으로 결과에 집착하면서 생겨나는 것이다. 좋은 결과는 원인과 과정에 충실히 임했을 때 저절로 수반되는 것이지, 결과 자체에 초점을 맞추어 결과를 얻으려고 하면 절대 얻어질 수 없는 것이다. 배우는 매 순간순간 창조해야할 몫이 있고, 많은 경우 그 몫은 다층적이다. 즉, 능숙하고 뛰어난 배우라면 순간순간 세 네 가지 리얼리티를 동시에 창조해내어야 한다. 만약 어느 한 순간 창조해야할 그 몫 대신 결과를 의식하게 된다면, 배우는 자신이 정작 해야 할 일을 게을리하는 셈이고, 이는 필히 좋지 않는 결과로 이어질 수밖에 없다. 개인 연습시든, 리허설이나 공연의 상황이든, 배우는 어떠한 가치판단이나 편견으로부터 자유로운 심적 상태에서 역할 창조를 시작해야 하고, 일단 시작되면 자신이 창조해야할 리얼리티들과 자신의 내부로부터 그리고 주변으로부터 자신에게 전해져오는 자극들에 정신을 집중할 수 있어야 한다.

　여기서 또 한 가지 언급해야 할 사항은 배우는 자신의 연기에 대해 객관적으로 판단할 수 없다는 점이다. 많은 배우들이 연기를 마치고 난 후 자신이 한 연기에 대해 다 아는 것처럼 판단하고 행동하는 것을 자주 접하게 된다. 하지만 배우가 자신의 연기에 대해 알 수 있는 부분은 자신이 '의식'할 수 있는 부분에 국한된다. 그리고 연기를 의식하는 많은 순간은 몰입이 흐트러진 순간인 경우가 많다. 연기가 끝나고 나서 자신이 어떻게 했는지 모르는 상태가 보다 완전한 극적 몰입에 가까울 가능성이 크다. 보다 중요하게는 자신이 의식하지 못하지만 분명 표현되고 관객에게 전달되는 부분이 존재한다는 점이다. 연기의 50%이상을 차지하는 이 부분은 배우 자신의 주관을 뛰어넘는 부분이다. 자신이 의식하지 못하는 부분은 자신이 통제할 수 없는 부분이다. 많은 배우들은 아마도 그런 이유 때문에, 통제할 수 없는 것에 민감한 반응을 보이는 것인지도 모르겠다. 하지만 의식하고 통제할 수 있는 것만을 연기하려고 한다면, 기계적이고 계산적인 연기에 머무를 공산이 크다. 우리는 살아가면서 평소 우리의 표정을 의식하고 살지 않는다. 표정은 우리가 의식하지는 못하지만, 우리의 내적 진실대로 그저 드러날 뿐이다. 평소의 훈련을 통해 자신이 제어할 수 없는 영역을 탐험하고 표현을 시도하면서, 경계를 넘나드는 것이 수반하는 심리적/육체적 긴장으로부터 자유롭고자 하는 의지를 발휘해야 한다. 자신이 의식하지 않아도 모든 것이 살아 움직일 수 있는 상태가 긴장이완이 지향하는 궁극적인 도달점일 것이다.

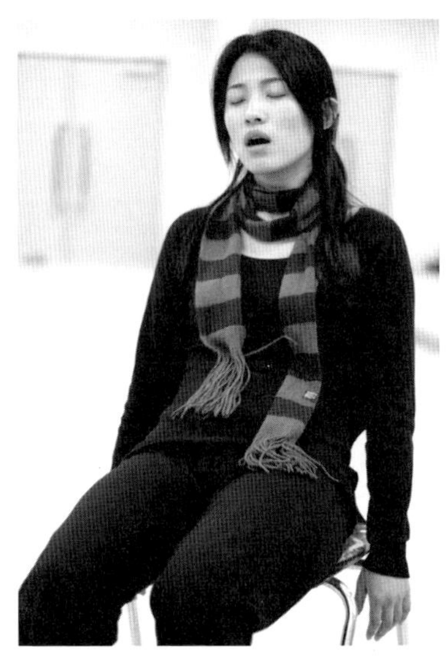

긴장이완의 기본자세

메소드연기의 긴장 이완 훈련법

신체 부위 중에서 특히 긴장 상태를 점검해야 하는 곳은 입과 턱, 목과 어깨, 갈비뼈 주변이다. 이 부위들의 긴장은 호흡과 발성과 밀접한 관련이 있고, 언어를 주 표현수단으로 사용하는 배우들에게는 치명적이다.

절대 호흡을 멈추어서는 안된다. 긴장 이완 과정 내내 호흡을 참고 있지 않은지 자신을 점검해야 한다.

이 훈련은 20~30분이 소요된다. 훈련에 능숙해짐에 따라 5분 정도까지 단축하는 것이 궁극적인 목표이지만, 그렇게 하기까지에는 수년간이 소요되므로, 절대 서둘러서는 안된다.

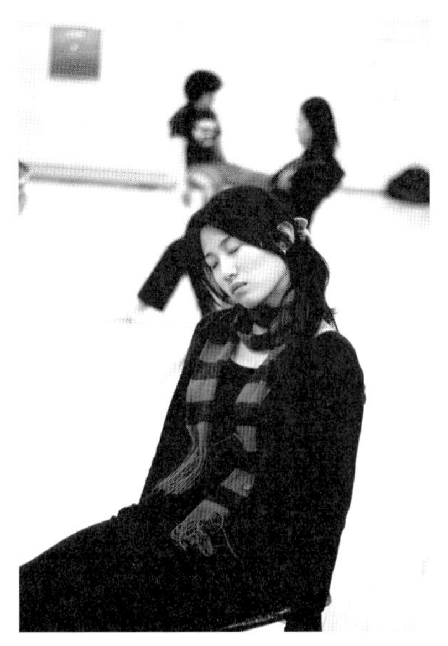

긴장이완 중인 배우들

- 손잡이가 없는 의자에 다리를 벌리고 팔을 옆으로 늘어뜨린 채 "금방 잠이 들 수 있을 만큼" 편안히 앉는다. 고개는 가급적 뒤로 젖히지 않는다.
- 턱을 자연스레 아래로 떨어뜨려 윗니와 아랫니 사이에 약간의 공간이 생기게 한다. 이 훈련의 처음부터 끝가지 이빨이 서로 맞닿는 일은 없다.
- 움직이지 않고, 머리의 끝 꼭대기 부분을 느껴본다. 뒤통수를 느껴본다.
- 마찬가지로 머리와 목이 만나는 부분을 느껴본다.

- 목 뒷부분을 느껴본다.

- 가슴 앞부분을 느껴본다.

- 윗등을 느껴본다.

- 아래등을 느껴본다.

- 엉덩이와 의자가 맞닿은 부분을 느껴본다.

- 어깨와 팔이 연결된 부분을 느껴본다.

- 각 팔꿈치를 느껴본다.

- 각 손목을 느껴본다.

- 각 손가락의 끝을 느껴본다.

- 다리와 몸이 연결된 부분을 느껴본다.

- 각 무릎을 느껴본다.

- 각 발목을 느껴본다.

- 각 발가락의 끝을 느껴본다.

이제 신체 각 부위를 다음과 같은 절차에 따라 하나씩 하나씩을 움직여본다. **정신을 움직이는 신체 부위에만 집중한다.** 신체 부위를 움직일 때 그곳에서 나는 느낌을 정직하게 느끼려고만 하면 집중의 상태는 절로 유지될 것이다.

- 왼쪽 어깨를 들었다가 떨군다. 꼭 필요한 만큼만 힘을 들였다가 순식간에 힘을 빼면 어깨는 자신스레 제 자리로 돌아올 것이다.

- 같은 원리로, 왼쪽 팔꿈치를 살짝 들어올렸다가 떨군다.

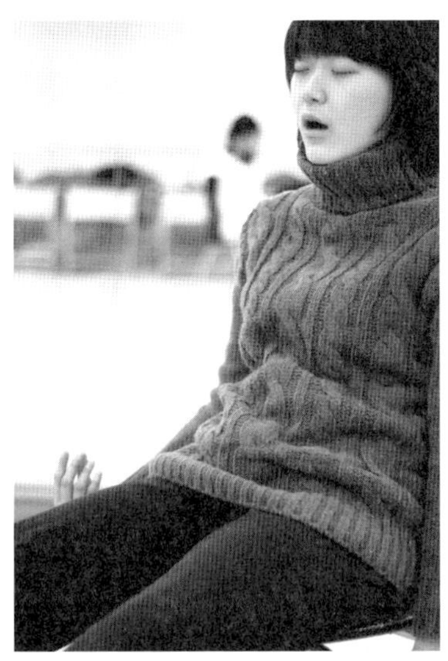

손의 긴장이완

- 왼쪽 손목을 팔 바깥쪽으로 내밀었다가 떨군다.
- 왼쪽 손목을 팔 안쪽으로 내밀었다가 떨군다.
- 왼쪽 손바닥과 손가락을 확 펼쳤다가 떨군다.
- 왼손 엄지부터 시작해 각 손가락을 하나씩 차례로 들었다 떨군다.
- 이때 처음에는 간 손가락의 윗마디를, 다음에는 아랫마디를, 마지막으로는 손가락 끝을 느끼면서 들었다 놓는다.

같은 순서로 오른쪽 어깨, 팔꿈치, 손목, 손바닥, 손가락을 차례로 들었다 놓는다. 절대 서둘러서는 안된다. 각 부위를 들어올릴 때 그 부위만에 초점을 맞추어야 하고, 그때 그 부위에서 어떤 느낌이 드는지 확인한다. 신

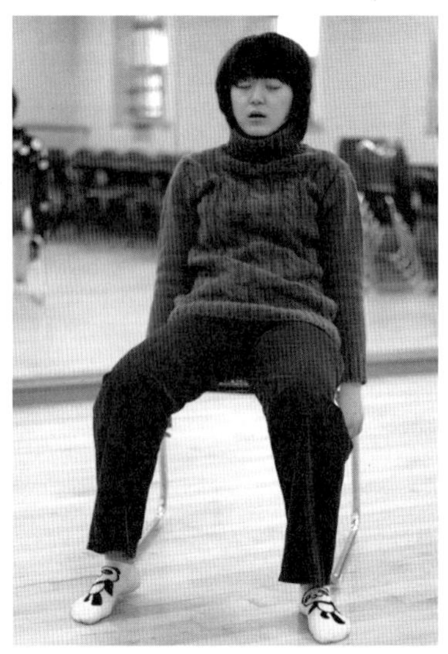

발의 긴장이완

체 각 부위를 움직일 때 생기는 느낌에 자신을 완전히 열어놓아야 한다.
다음은 다리이다. 역시 움직이는 부분에만 정신을 집중한다.

- 골반과 다리가 만나는 부분을 의식하며 허벅지를 살짝 들었다가
  떨군다
- 왼쪽 무릎을 살짝 들었다가 떨군다.
- 왼쪽 발목을 바깥쪽으로 들었다가 떨군다.
- 왼쪽 발바닥과 발가락을 쫙 폈다가 떨군다.
- 왼쪽 발가락을 하나씩 들었다가 놓는다. 움직이는 발가락에만 정
  신을 모으고 다른 발가락이 같이 움직이는 것에는 개의치 않는다.

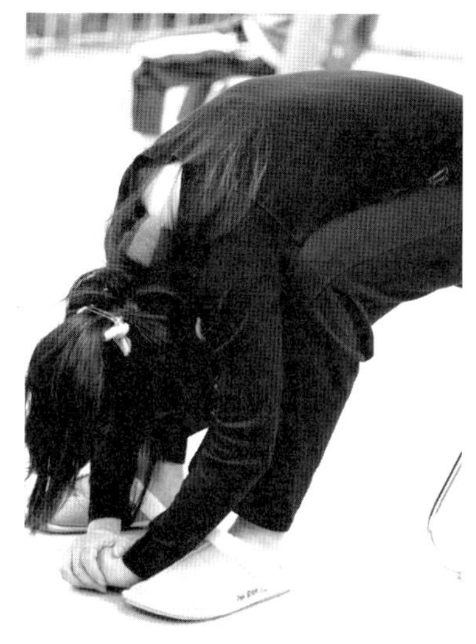

등의 긴장이완

같은 요령으로, 오른쪽 다리 관절과 발을 움직여본다.

- 가슴 부위를 앞뒤 좌우 여러 각도로 천천히 움직이면서 느껴본다. 어깨가 들리거나 힘이 들어가지 않도록 주의한다.
- 머리끝에서 시작해서 척추뼈 하나하나를 차례로 떨어뜨리며 몸이 앞으로 굽어지게 한다. 이때 정신을 등에서 느껴지는 것에 집중한다. 팔은 자연스럽게 떨어지게 한다.
- 역순으로 척추뼈를 하나하나씩 펴는 느낌으로 몸을 천천히 일으킨다. 머리가 제일 나중에 올라온다.
- 몸통을 오른쪽으로 돌렸다가 제자리로 가져온다. 이어 왼쪽으로

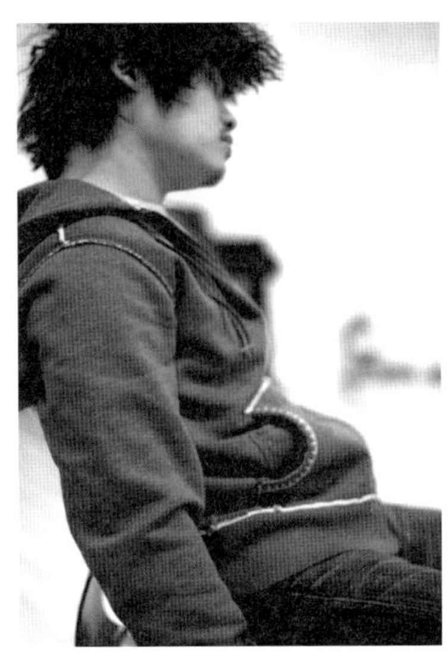

목의 긴장이완

돌렸다가 제자리로 가져온다.

- 머리와 목뼈의 끝이 만나는 지점을 상상해본다.
- 목뼈 위에 **얹혀있는** 머리를 좌우로 천천히 움직여 본다. 다시 아래위로 움식여 본다. 이때, 머리를 움직이는 것이 아니라 목을 움직이고 있지는 않은지 점검해야 한다. 머리를 제자리로 가져온다.
- 머리를 ∞ 모양으로 천천히 움직여본다. 목을 움직이는 것이 아니라, 척추 위에 놓여있는 머리 부분만을 움직이는 것이다.

- 각 눈썹을 차례로 하나씩 들었다가 떨어뜨린다. 다른 부분이 같

이 움직이는 것에 신경쓰지 말고 움직이려는 부위에 초점을 맞추고 느껴보려 한다.

- 각 눈꺼풀을 하나씩 들었다가 떨어뜨린다.
- 코구멍을 팽창시킨 다음 숨을 크게 들어쉬었다 내뱉을 때 힘을 뺀다.
- 안면 근육을 최대한 세분화해서 좌우교대로 하나씩 움직여보며 그 느낌을 확인한다.
- 턱을 천천히 여러 각도로 움직여 보며 그 느낌을 확인한다.

이제부터는 관절과 관절 사이의 근육에 정신을 집중한다. 그리고 반드시 '아~' 모음으로 길게 소리를 내며 계속한다.

- 왼쪽 팔 전체를 최소한의 힘/에너지/기를 사용해 어깨높이로 들어 올린다.
- 어깨에서 팔꿈치에 이르는 부분에 초점을 맞춘다. 천천히 여러 각도로 사방팔방으로 움직이면서 각 움직임에 따라 어떤 느낌이 드는지 주목한다. 그리고 숨을 들이 마시고, 그 느낌을 입을 열어 '아' 모음으로 길게 표현한다. 다음에는 같은 부위를 회전시키면서 어떤 느낌이 드는지 확인한다. 다른 부위에 힘이 들어가지 않도록 유의한다. 왼팔을 떨군다.

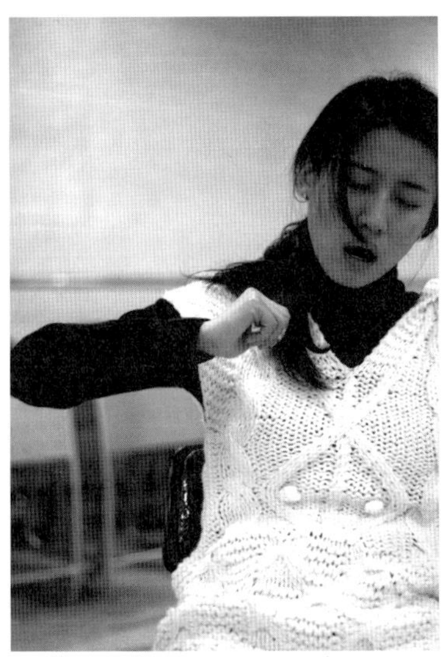

오른팔의 긴장이완

- 오른쪽 팔을 어깨 높이로 들어올린 다음 같은 부위를 같은 방법
  으로 움직이며 느껴본다. 오른팔을 떨군다.

- 다시 왼팔을 어깨 높이로 들어올린 다음 왼쪽 팔꿈치를 여러 각
  도로 천천히 움직이며 느껴본다.
- 왼팔을 떨군다.

- 오른팔을 들어올린 다음 오른쪽 팔꿈치를 여러 각도로 움직이며
  느껴본다.
- 오른팔을 떨군다.

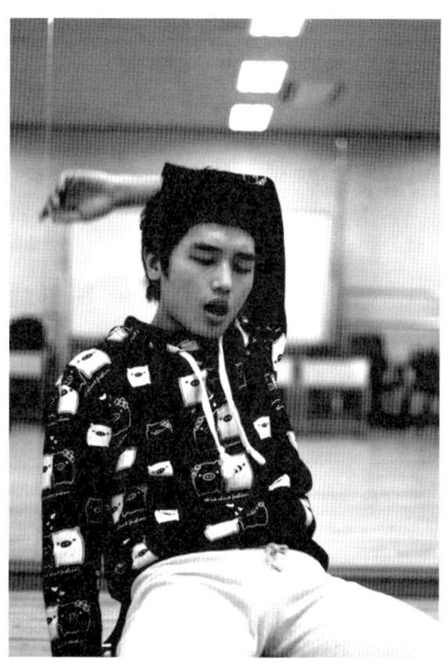

왼팔의 긴장이완

- 왼팔을 들어올린 다음 팔꿈치에서 손목에 이르는 부분을 천천히 여러 각도로 움직이며 회전시키며 느껴본다.
- 왼팔을 떨군다.

- 오른팔을 들어올려 팔꿈치에서 손목에 이르는 부분을 천천히 여러 각도로 움직이며 회전시키며 느껴본다.
- 오른팔을 떨군다.

- 왼손을 들어올려 손바닥과 손가락을 자유자재로 움직이며 느껴본다. 처음에는 손바닥에 초점을 맞추고 다음에는 손등, 다음에는

3. 긴장의 이완(Relaxation)　　73

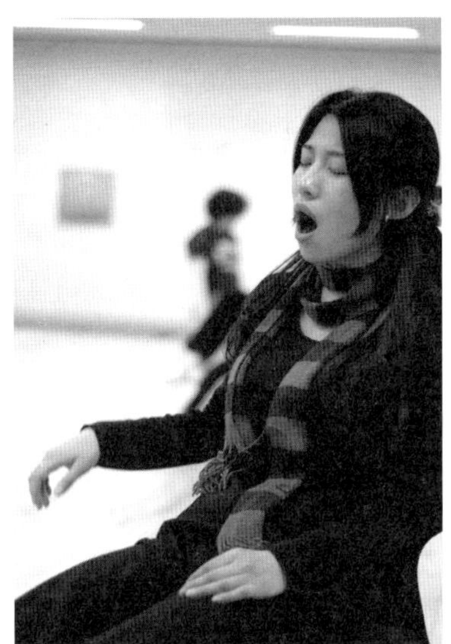

손목과 팔꿈치 사이의 긴장이완

각 손가락 마디, 손끝의 차례로 움직이며 느껴본다. 각 부위를 최대한 세분화한다. 일반배우와 대배우의 차이는 각 부위를 얼마나 세분화할 수 있냐에 달려있다.

- 왼손을 떨군다.

- 오른손을 들어올려 같은 방법으로 움직이며 느껴본다.
- 오른손을 떨군다.

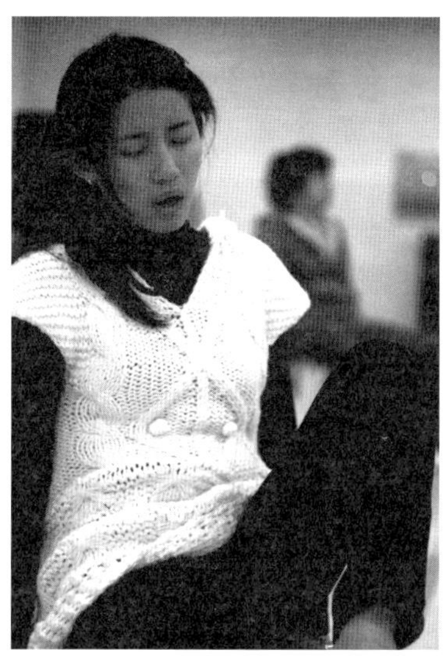
허벅지의 긴장이완

- 왼쪽 다리를 들어올려 골반뼈에서 무릎까지의 허벅지 부분에 초점을 맞추어 천천히 여러 각도로 움직이며 그 부위에 어떤 느낌이 드는지 주목한다.
- 왼쪽 다리를 원을 그리며 바깥쪽으로 돌려 차는 듯이 떨군다.

- 오른쪽 다리를 들어올려 같은 부위를 같은 방법으로 움직이며 느껴본다.
- 오른쪽 다리를 원을 그리며 바깥쪽으로 돌려 차는 듯이 떨군다.

- 왼쪽 다리를 들어올려 무릎에 초점을 맞추어 여러 각도로 천천히

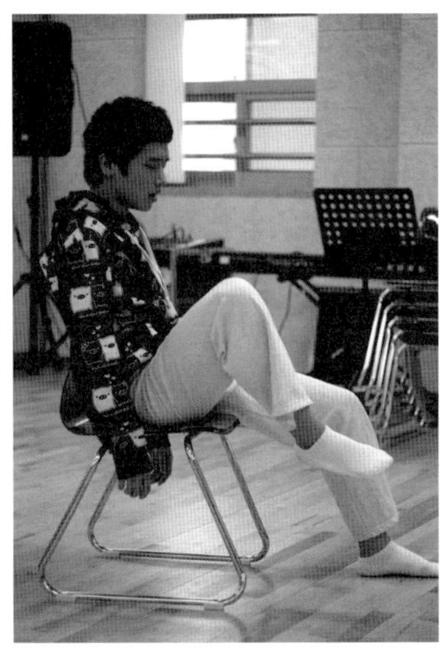

다리의 긴장이완

움직이며 그 느낌을 확인한다.

- 왼쪽 다리를 원을 그리며 바깥쪽으로 돌려 차는 듯이 떨군다.

- 오른쪽 다리를 들어올려 무릎에 초점을 맞추어 여러 각도로 천천히 움직이며 그 느낌을 확인한다.
- 오른쪽 다리를 원을 그리며 바깥쪽으로 돌려 차는 듯이 떨군다.

- 왼쪽 다리를 들어올려 무릎에서 발목사이의 부위에 초점을 맞추어 여러 각도로 천천히 움직이며 그 느낌을 확인한다.
- 왼쪽 다리를 원을 그리며 바깥쪽으로 돌려 차는 듯이 떨군다.

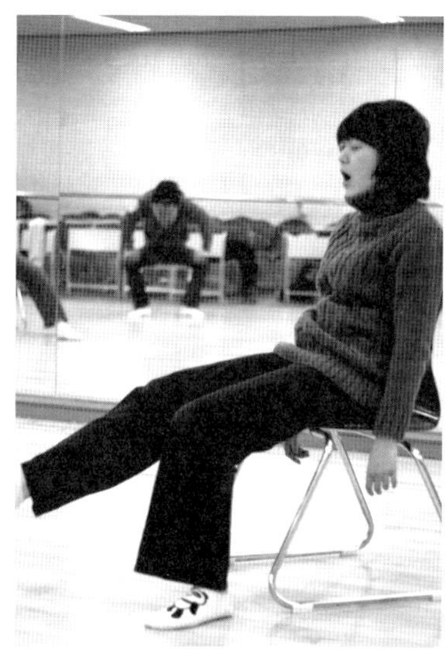

종아리의 긴장이완

- 오른쪽 다리를 들어올려 무릎에서 발목사이의 부위에 초점을 맞추어 여러 각도로 천천히 움직이며 그 느낌을 확인한다.
- 오른쪽 다리를 원을 그리며 바깥쪽으로 돌려 차는 듯이 떨군다.

- 왼쪽 다리를 들어올려 처음엔 발목, 다음엔 발바닥, 다음엔 발등, 다음엔 발가락에 초점을 맞추어 여러 각도로 천천히 움직이며 그 느낌을 확인한다.
- 왼쪽 다리를 원을 그리며 바깥쪽으로 돌려 차는 듯이 떨군다.

- 오른쪽 다리를 들어올려 처음엔 발목, 다음엔 발바닥, 다음엔 발

등, 다음엔 발가락에 초점을 맞추어 여러 각도로 천천히 움직이
며 그 느낌을 확인한다.

- 오른쪽 다리를 원을 그리며 바깥쪽으로 돌려 차는 듯이 떨군다.

- 왼쪽 다리를 들어올려 안쪽에서 바깥쪽으로 크게 원을 그리며 돌
  려차기 식으로 움직이며 떨어뜨린다. 다리 전체나 신체 다른 부
  위에 힘이 들어가지 않도록 주의한다.

- 오른쪽 다리를 들어올려 안쪽에서 바깥쪽으로 크게 원을 그리며
  돌려차기 식으로 움직이며 떨어뜨린다. 다리 전체나 신체 다른
  부위에 힘이 들어가지 않도록 주의한다.

위의 순서로 각 부위를 움직이는 것이 끝이 났으면 이제는 신체 전반적으
로 긴장이 들어가는 부위는 없는지 점검한다. 혹시 의심스러운 부분이 있
으면 다시 그 부위를 움직여가며 점검한다.

긴장이완과 발성

메소드연기는 **자유롭고 거침없는 소리, 살아 움직이는 소리, 온몸에서
나오는 완전한 소리, 자연적인 소리, 솔직하고 진실한 소리**를 지향한다.
대사로 연기를 해야 하는 배우에게는, 특히 진실한 연기를 지향하는 메소
드연기자에게는 진실을 소리로 표현할 수 있는 능력이 절실히 요구된다.

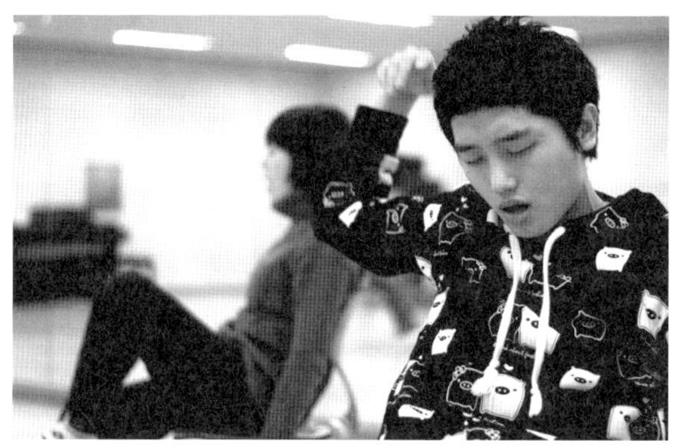

자유롭게 긴장이완을 하고 있는 배우들

언어를 포함해 인간이 내는 모든 소리는 자신의 표현이나 의사소통의 욕구에서 '비롯되는' 것이다. 소리의 근원 없이 존재할 수 있는 진실한 소리는 없다. 그것이 메소드연기가 '근원'에 초점을 두고, 인위적인 발성, 작위적인 화술을 철저히 거부하는 이유이다. 여기서 잠시 '자연적인 소리'와 '자연스러운 소리'는 개념적으로 구분할 필요성이 있다. '자연적인 소리'라 함은 과장이나 변형, 또는 억압 없이 인간이 타고난 완전한 표현능력으로부터 비롯되는 소리를 말하는 것이고, '자연스러운 소리'는 사실 개인이 습관적으로 편안하게 자신을 불편하게 하지 않으면서 타인에게는 불쾌감을 주지 않는 선에서 내는 소리를 일컫는 말이다. '자연스러운 소리'를 내는 습관은 완전한 표현을 불가능하게 한다.

바로 그와 같은 이유로 인해서, 메소드연기의 발성훈련은 긴장이완에서 시작된다. 긴장의 이완은 '자연스러운 소리'를 내게 하는 습관의 벽을 허물게 한다. 긴장이완 도중 자신이 움직이는 신체부위 하나하나에서

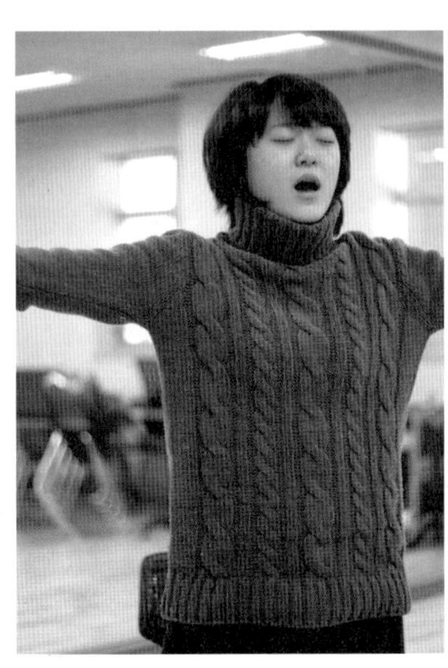

가슴을 열고 몸안의 모든 기운을 소리로
발산하고 있는 배우

느껴지는 느낌을 '아' 모음으로 길게 뱉어낸다. 느껴지는 대로 **과장없이,
긴장없이, 억압없이, 자유롭게** 뱉어내어야 한다. 과장은 잘 하려는 욕구
에서, 긴장과 억압은 표현하지 않으려는 욕구에서 비롯된다. 음역대와 성
량의 전 영역에 걸쳐 자신의 느낌이 완전하게 표현되는 균형점을 끊임없
이 찾아가야 한다. 편안하게 낼 수 있는 음역대와 성량에 머물러 있어서
는 안 된다. 한계에 도전해야 한다. 완전하게 자유롭게 살아 움직인다는
것이 진정 무엇인지 탐색해 나가야 한다. 깨달음의 경지는 자신이 한 탐
색이 쌓이고 쌓여서 어느 순간 찾아올 것이다. 그렇지만 결코 짧은 시간
에 그 경지에 도달할 수는 없을 것이다. 성악가들이 최고의 성악가가 되

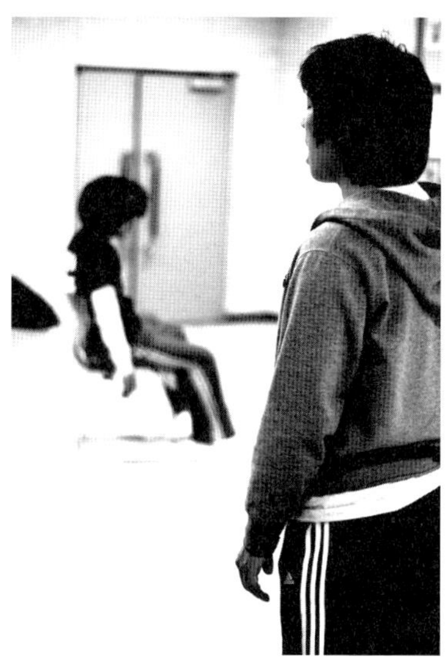

긴장이완을 하며 소리를 내는 배우

기 위해 얼마만큼의 노력과 시간을 발성연습에 투자해야 하는지를 생각해 본다면, 대략 짐작할 수 있을 것이다.

긴장이완 도중 발성과 관련해 지켜야할 중요한 원칙은 들숨이 자신이 움직이는 신체 부위에까지 다다르게 하고, 그 부위에서 느껴지는 느낌으로부터 날숨이 시작되어, 날숨에 의해 소리가 만들어지게 하는 것이다. 숨이 깊이 들락거리지 않는 한, 신체 깊숙이 존재하는 진실/실체를 호흡과 소리가 담지 못하는 것은 당연한 일이 된다.

이렇게 긴장이완 도중 자신의 경험을 자유롭고 완전한 소리에 담아 내려는 노력하는 동안, 자신이 의식하지 못하는 사이에, 배우에겐 살아 움직이는 진실한 소리를 낼 수 있는 능력이 저절로 길러진다.

앉아서 긴장이완훈련을 하는 이유

긴장이완은 연기훈련의 시작 전에만 적용되는 것이 아니라 연기 모든 과정에 걸쳐 적용되고 유지되어야 한다. 연기를 하는 배우들은 특별한 경우를 제외하고는 대부분 앉거나 선 상태로 연기를 하게 된다. 그런데 많은 연기훈련법에서 대개 긴장 이완은 누워서 하는 것으로 가르친다. 물론 누워서하는 긴장 이완 훈련이 수직적인 신체 사용에만 익숙한 배우들에게 자신의 신체를 상하 서열구조가 없는 평등한 상태로 재교육함에 있어 그 목적과 효과는 다분히 인정된다. 그러나 긴장이완의 최종목표가 배우의 신체를 역할창조/리허설/공연을 위한 최적의 상태를 준비하는 것이라면, 그리고 역할창조/리허설/공연 도중에 긴장의 발생을 방지하고, 만약 긴장이 발생했을 때 이에 적절히 대처할 수 있는 능력을 기르는 것이라면, 대부분의 역할을 앉거나 서서 연기해야 하는 배우에게 누워서 하는 긴장이완훈련은 훈련의 초기 단계 이후에는 그다지 적합하지 않다고 할 수 있다.

또 한 가지 유념할 것은 긴장이완과 스트레칭은 다르다는 점이다. 스트레칭이 배우의 신체 안에 완전한 공간을 회복하고 자극에 쉽게 공명할 수 있는 원초적 신체상태를 지향할 때만 스트레칭도 긴장이완에 기여하는 것으로 볼 수 있다. 그러나 흔히 일반적으로 하는 스트레칭은 몸에 나타나는 긴장의 증상들을 완화하거나 유연성을 기르기 위한 것으로, 그 자체의 효과는 충분히 인정하지만, 긴장 이완에 직접적인 도움이 되지는 않는다. 다시 말하지만, 메소드의 긴장이완은 결과나 증상이 아닌 원인에 초점을 맞추기 때문이다.

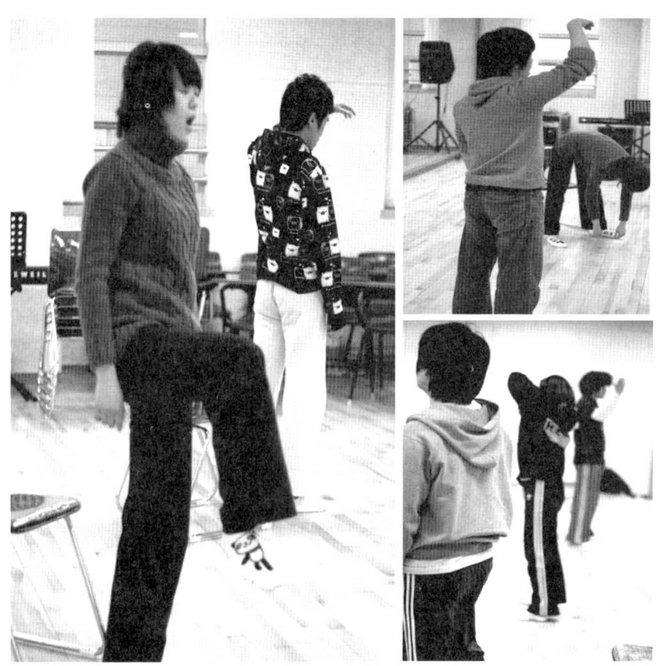

일어서서 긴장이완을 하고 있는 배우들

　　앉아서 긴장이완을 하는 것이 숙달이 되고나면, 일어서서 긴장이완을 시도한다. 앉아서 할 때의 모든 원리와 원칙이 그대로 적용된다. 리 스트라스버그는 긴장이완을 특별히 일어서서 하도록 가르치지는 않았지만, 필자의 교육 경험에서는 긴장이완의 마무리로서 그리고 감각훈련의 예비 단계로서 일어서서 긴장이완을 마치는 것이 매우 효과적이라는 것을 알게 되었다. 물론 훈련의 필요에 따라서는 간혹 누워서도 긴장이완을 시도해 보아도 좋은 결과를 얻을 수 있었다. 그러나 이 모두는 앉아서 하는 긴장

이완이 숙달되고 나면 시도하는 것이 바람직하다.

긴장이완이 끝나고 나면 배우는 바로 이어서 감각훈련에 돌입하게 된다.

4.

오감의 기억과 감각훈련

감각훈련(Sense Memory Exercise)의 훈련 목표와 효과

1. 각 감각의 민감성과 발달 정도를 확인한다.
2. 집중력을 훈련한다.
3. 상상력을 훈련한다.
   ―가상의 물체에 실생활에서와 똑같이 생생하게 반응할 수 있는 능력
   을 배양한다.
4. 사고력을 훈련시킨다. 어떠한 것도 당연시하지 않는 자세를 배운다.
5. 힘/에너지/기의 효율적인 운용을 배운다.
   ―무대에서 주어진 과제에 대해 적절한 힘/에너지/기를 사용하는 법을

배운다.

6. 집중력을 배분하는 능력을 배운다.
7. 각 배우가 가진 개인적인 습관을 극복하고 그를 통제하는 법을 배운다.
   —비자발적인 신경성 표현들을 중지시킨다.
8. 언어의 표면적 의미에 갇히거나 그를 상투적으로 사용하는 정신적 습관을 교정한다.
9. 신체 안에 깃든 금기들을 직접적으로 겨냥하지 않으면서 해체한다.
10. 정서적 기억(Affective Memory)의 신속하고 지속적인 사용을 가능하게 한다.

모든 위대한 예술가들이 가지고 있는 공통적인 덕목은 상상력이라고 생각하기 쉽다. 그렇다. 상상력이 없다면 어찌 예술가라 부를 수 있겠는 가? 그러나 예술가에게 있어 하나의 작품을 창작하기까지 상상력이 언제 어떻게 작용하는지 그 정확한 작용원리를 규명하고 그를 바탕으로 상상력 을 훈련하는 방법들은 찾는 일은 그리 간단해 보이지 않는다.

감각, 감수성, 관찰력, 사고력, 상상력의 상관관계

예술가들의 상상력은 유에서 새로운 유를 창조하는 것인데, 그 창조의 질 료가 되는 기존의 유를 인식하는 감각과 감수성의 발달 정도에 따라 상상 력의 작용은 제약을 받게 된다. 예리하고 섬세한 감각과 관찰력은 예술가 가 세상과 교감하는 일차적 경로이다. 만약 이 교감이 일반적, 추상적, 상 투적, 습관적인 차원에서 이루어진다면, 아무리 상상력이 작용한다고 하여 도 새로움과 살아있는 진실의 창조는 불가능하다. 배우를 예술가가 되게 하는 것은 인간행동과 그를 둘러싸고 있는 물리적 현상들을 남다르게 또는 새롭고 낯설게 인식하고 그를 바탕으로 인간행동의 이면/후면에 놓여있는 내면적 진실을 거짓이나 과장 없이 아름답게 표현할 수 있을 때이다. 그러므로 배우에게 감수성을 기르는 훈련, 그리고 그를 바탕으로 상상력 작용을 원활하게 해주는 훈련은 가장 기본적인 훈련이 되면서도, 배우 개인별로 발달의 정도가 상이하기 때문에 가장 힘든 훈련이 된다. 스타니슬라프스키도 이 부분에 대한 명확한 해결책을 끝내 찾지 못하고 후퇴하고 만다. 많은 이들이 스타니슬라프스키가 후기에 그의 생각을 바꾸어 "신체 행동"(physical action)으로 옮겨간 사실에 주목하고 있으나, 그것이 예술적 발전인지 후퇴인지는 묻지 않고 있다. 필자의 견해로는 스타니슬라프스키가 오감의 기억, 정서적 기억과 관련된 훈련법들을 정립하는데 실패함으로써 불가피한 후퇴를 한 것으로 보인다. 스타니슬라프스키가 중도포기한 미완의 시스템은 리 스트라스버그에 의해 새로운 전기를 맞는다. 감각의 재훈련 없이 배우의 창조적 역량을 배양한다는 것이 불가능하다는 스타니슬라프스키의 전제에 전적으로 동감하며, 리 스트라스버그는 감각과 감수성을 재훈련할 수 있는 구체적이고 실천적인 훈련법, 즉 감각훈련법(Sense Memory Exercises 또는 Sensory Exercises)들을 계발하기에 이른다. 배우들의 많은 사랑을 받아온 스트라스버그의 감각훈련법은 감각과 감수성의 재훈련이라는 일차적 목표와 더불어, 긴장이완, 몰입, 관찰력, 사고력, 상상력을 두루 훈련시켜주는 효과적인 훈련법으로 메소드연기훈련의 근간을 차지하고 있다. 감각훈련은 진실의 구현을 예술적 목표로 하는 메소드연기로 들어가기 위한 필수적인 과정으로, 배우 개인의 타고난 혹은 습득한 자질과 재능에 따라 차이가 날 수는 있지만, 비교적 긴 훈련과정을 요한다. 단시간 내에 해치우겠다는 성급함은 가장 경계해야할 태도가 된다.

한 가지 여기서 기억해야할 중요한 점은 감각훈련 자체는 연기가 아니라는 점이다. 감각훈련을 위한 훈련법들은 직간접적으로 장면 연기에 응용될 수 있고 마땅히 그러해야 하나, 간혹 감각훈련 자체가 연기라고 착각하는 경우를 접하게 된다. 감각훈련은 배우가 한 장면에서 진실한 연기를 할 수 있는 기본토대를 다지기 위한 훈련의 한 과정임을 잊어서는 안 될 것이다.

가상의 자극에 대한 감각의 리얼한 반응

그렇다면 왜 감각훈련이 메소드연기로 가는 길에 그토록 중요한 것일까? 몇 가지 중대한 이유가 있다. 그 첫째는, 연극무대 위에 조성되는 세계는 리얼리티의 반영이긴 하지만 엄연히 **가상의 시공간**이기 때문이다. 무대 위의 모든 환경은 가상의 창조물들이다. 애인으로 나오는 상대배우는 실제 자신의 애인이 아니며, 무대 위의 거실은 실제 자신이 생활하는 거실 공간이 아니다. 모든 세트와 장치, 소품, 의상은 예술적 의미와 효과를 위한 창조물일뿐, 실제 생활에서 우리가 사용하는 건축구조물이나 물건, 옷과는 엄연히 다른 것이다. 더구나 공연양식에 따라 단순화, 양식화, 기호화되는 경우도 허다하다. 그렇다면 이와 같은 가상의 환경 속에서 배우는 어떻게 진실한 리얼리티를 창조할 수 있는가? 그와 같은 의문으로부터 바로 가상의 대상(감각적 자극)에 대해 실제 생활과 같은 생생한 인식을 할 수 있도록 배우의 오감을 새로 훈련할 필요성이 대두되는 것이다. **진실성(진실한 감정을 포함해서)은 감각 인식의 결과이다.** 감각의 체험을 통하지 않고 만들어지는 모든 느낌과 감정은 리얼하지도 진실하지도 않다. 그렇게 만들어진 느낌이나 감정은 인상에 근거한 모방일 뿐이다. 생동하는 느낌과 감정을 가진 살아있는 인물로서 무대에서 살기 위해서는 가상의 시공간에서도 오감을 통해 살아있는 체험을 할 수 있어야 한다. 이와 같은 배우의 역설적 조건을 타개하기 위해 감각의 기억을 통해 오감을 재훈련하는 것이다. 우리의 체내에 나름대로의 이유를 가지고 남아있는 오감의 기억을 출발선으로 삼아 가상/상상의 영역을 자유로이 탐색하면서, 배우는 **눈에는 보이지 않지만 분명 존재하는** 리얼리티를 몸으로부터 느끼고 이를 자유롭고 진실하게 표현하는 법을 터득하게 될 것이다.

감각의 자동화

감각을 재훈련해야하는 또 다른 이유는 우리의 감각이 자동화되어있기 때문이기도 하다. 우리의 감각은 친숙한 자극에는 금새 익숙해져 둔감해진다. 그리고 모든 것에 '이름'을 붙이는 사고의 경향은 이와 같은 자동화를 가속화시킨다. 우리는 익숙하지 않은 대상을 접할 때에는 불안, 때로는 공포를 느낀다. 감각의 인식을 통해 대상을 파악한 후에 우리는 그것에 이름을 붙임으로써 자신을 안심시킨다. 일단 이름이 붙여진 대상들은 아무런 새로운 자극과 사고 없이 붙여진 이름과 지정된 용도로서만 기억되고 우리의 반응은 자동화된다. 가령 연필을 예로 들어보자. 우리에겐 너무나 쉽고 분명하게 필기구의 하나이다. 굳이 무엇을 생각하고 말 여지가 없는 듯하다. 하지만 이제 갓 기어 다니기 시작한 아기에게 연필을 하나 건네준다면, 연필이라는 물체를 처음 본 아이는 그 연필을 어떻게 인식할까?

그 물체가 무엇인지를 알기 위해 아기는 어떤 탐색의 과정을 거쳐 우리가 필기구로 '당연히' 알고 있는 연필의 알 수 없는 용도를 파악할까? 십중팔구 아기는 연필을 입으로 가져가 빠는 것으로 그 탐색을 시작할 것이다. 그리고 연필이라는 이름이나 필기구라는 용도 이전에 그저 구체적 리얼리티를 가진 하나의 물체로 연필을 대할 것이다. 우리가 친숙하게 느끼는 주변의 모든 환경은 모두 이와 같은 탐색과 시행착오를 거쳐 우리의 의식과 신체 속에 '안정적으로' 자리 잡게 된 것이다.

배우는 이와 같은 자동화과정을 역으로 뒤집어 사물에 대한 새로운 인식을 가질 수 있어야 한다. 왜 그럴까? 무대 위에서 모든 사물은 배우가 생명을 불어넣음으로써 그 존재가치를 갖게 된다. 무대 위에 취사선택되어 올라온 사물들은 그 나름대로의 예술적 이유에 의해서 무대 위에 존재하는 것이다. 만약 배우가 그 사물 하나하나를 제대로 탐색하는 일 없이 그냥 자동화된 반응만을 보인다면, 그 사물은 예술적으로 아무런 존재가치도 가지지 못한다. 모자 하나, 셔츠 한 벌이 연인으로 변모하는 것은 배우가 그 대상을 자동화된 감각으로 인식하는 것이 아니라, 자신의 정서적 기억과 결부하여 그 세세한 리얼리티 하나하나를 재탐색함으로써 가능해진다. 로빈 윌리엄스는 미국 브라보(Bravo) 텔레비전 방송프로그램인 <Inside the Actors Studio>에 출연해 즉석에서 청중의 스카프 하나를 집어서 그 스카프 하나만으로 6명의 다른 인물과 자동세차기를 창조해내었다. 스카프를 단지 그 이름 지어진 대로 스카프로만 받아들였다면 불가능한 예술적 상상력이다. 감각훈련에서 실제 사물을 직접 다루지 않고, 오감의 기억을 통해서만 그 대상을 탐색하게 하는 이유는 일차적으로 이와 같은 자동화된 인식의 습성을 벗어나기 위함이다. 감각훈련을 통해 배우는 세상 모든 것을 당연시하지 않는 예술적 감성을 다시 배우게 되는 것이다.

여기서 한 가지 분명하게 집고 넘어가는 하는 것은 감각훈련은 마임과의 철저하게 구분된다는 것이다. 사실, 메소드연기에서는 배우훈련과정에 마임을 피해야할 사항으로 간주한다. 왜냐하면, 마임은 많은 경우 감각을 통한 체험의 원인을 탐색하기보다는 그 결과를 복사하는데 주력함으로써 자동화된 감각을 재생산하는데 초점이 맞춰지기 때문이다. 여자의 손을 처음으로 잡아보는 남자를 표현함에 있어서 마임은 손을 잡는 동작과 수줍음을 겉에서부터 흉내내려하지만, 메소드연기자는 남자의 손이 처음 여자의 손에 닿은 그 순간의 느낌부터 하나하나 차근차근 창조함으로써, 그 감각적 체험의 결과로 수줍음이나 부끄러움, 흥분이 저절로 수반되게 한다. 절대로 감정의 창조 그 자체가 목적이 되지 않는다. 그래서 아무리 사소한 감각의 경험도 당연시하지 않도록 훈련받는 메소드배우들에게 마임은 득보다는 해가 되는 것이다. 논란의 여지가 다분함은 인정하지만, 지금 우리나라의 연기교육에서 마임이 별 다른 비판 없이 널리 받아들여지고 있는 현실은 반드시 한 번 되물어 보아야할 사항이다.

갇혀 있는(locked-up) 감각

감각훈련이 필요한 마지막 이유는, 긴장의 이완과 많은 연관이 있고, 바로 이와 같은 이유 때문에 배우는 감각훈련 도중 끊임없이 긴장이완 상태를 점검해야 한다. 세계적 연출가 데클란 도넬란(Declan Donnellan)은 "배우 X가 배우 Y보다 더 재능이 있다는 표현보다는, X가 Y보다 덜 억압되어 있다”라고 말하는 것이 더 정확한 표현이라고 했다. 삶을 살아가는 동안, 우리는 많은 경우 감각을 통한 살아있는 체험을 표현하지 않도록 교육받았다. 우리는 자신의 몸 안에 느껴지는 어떠한 생각, 느낌, 감정, 사고 때문에 야단맞거나 비난받기를 원하지 않는다. 각 사회는 건전한 시민상과 인간관계의 규범을 설정하고 그에 맞는 교육체계를 가지고 있다. 이와 같은 교육은 학교나 가정 내에서는 물론 일상적인 생활공간 곳곳에서, 공개적으로 또는 암묵적으로, 끊임없이 이루어진다. 사회가 설정한 기준에 맞지 않는 면들은 결코 표현되어서는 안 된다. 각 개인이 자신 안에 하나의 실체로 느껴지고 체험하는 경험들은 그것이 사회적 규범에 맞지 않을 때, 외부로 배출되지 못하고(표현되지 못하고) 신체 내에 독특한 심리적 정신적 성향과 함께 신경계와 근육/골격조직이 만들어낸 감옥과 같은 틀 속에 갇히게 되며, 갇힌 있는 상태를 유지하기 위해 긴장을 동반하게 된다. 이와 같은 과정을 통해 갇히게 된 경험이 대개 감각의 기억, 그리고 이후에 논의하게 될 정서적 기억으로 남게 되는 것이다. 표현을 그 생명으로 하는 배우의 삶과 표현하지 않도록 교육되어온 개인의 삶은 훈련기간 내내 서로 충돌하게 될 것이다. 바로 그와 같은 이유 때문에 배우훈련, 특히 감가훈련에는 용기와 의지가 필요하다. “나는 예술가로서 위험을 무릎 쓴나(As an artist, I take risks)”는 평생 매너리즘에 빠지지 않는 배우가 되기 위한 좌우명이다. 능숙함과 매너리즘은 분명히 구분되어야 한다. 긴장의 이완과 병행하는 감각훈련은 종극적으로 배우 내면에 거대한 요동을 일으켜, 갇혀있는 감수성이나 감정을 터뜨리게 한다.

　　배우가 되는데 왜 굳이 이렇게 수고스러운 과정까지 거쳐야하는지

의문을 가질 지도 모르겠다. 인간의 영혼은 밝은 면과 어두운 면을 모두 가지고 있다. 아무리 부정한다고 어느 한 쪽이 사라지지 않는다. 더구나 인간의 갈등과 선택이 중심 모티프가 되는 극적 세계 속에서는 인간 영혼의 어둡고 그늘진 면을 보여줄 경우가 더 많다. 따라서 사회에서의 도덕적 판단에 따라 보여질 수 있는 면만을 표현하는 배우는 극적 진실을 표현할 수가 없다. 더구나 자신이 표현하는 인물을 양면성을 가진, 하지만 그로 인해 완전한 영혼의 소유자로 만들어낼 수 없다. 그래서 이와 같은 훈련을 거치지 않은 배우에게서는 단편적이고 인상주의적인 인물만 만들어지기 십상인 것이다. 자신 안에 표현되지 못하고 갇혀있는 리얼리티들을 찾아내고 그를 표현하도록 훈련하는 것은 극적 세계가 요구하는 완전한 폭과 깊이를 가진 삼차원적 인간을 표현하기 위한 필수적인 과정이다.

정서적 기억

과거와 현재는 겹쳐 있죠, 마치 두 장의 사진처럼. 현재의 우리 모습은 과거의 우리 모습을 닮을 거예요. 더구나 감정은 변함이 없죠. 옛날의 짜디짠 소금은 지금 맛보아도 짜디짜고, 옛날의 달디단 굴은 지금도 달디단 맛이듯이.

이강백, <영월행 일가>

연기나 예술은 인간의 마음에 관한 것이다. 지적인 토론이 아니다. 인물의 마음이 관객에게 전달되어 관객의 마음속에 공명할 때, 연기는 가장 인간적이면서, 가장 강력한 예술이 된다. 극 속에서의 모든 인물의 행동과 말은 극적 상황을 경험하면서 끊임없이 움직이는 마음의 표현이다. 긴장과 억압이 없다면, 마음과 몸은 항상 공명 상태에 있다, 그런 의미에서 마음이 내용이라면, 행동과 말은 표현의 형식이 된다. 내용이 없는 형식, 형식이 없는 내용은 예술적 가치를 상실하게 된다. 연기에 대한 외적/형식적 접근법들이 가지는 가장 크고 근본적인 한계는 살아있는 인간의 마음을 창조하는데 역부족이라는 데 있다. 내용이 부재하면, 인위적인 행동과 말투가 자연스레 생성될 수밖에 없다. 문제의 심각성은 이런 인위성이 '연극적'이라는 형용사를 사용해, 마치 연극의 특성인 양 잘못된 인식으로 확산되고 있다는 데에 있다. 실제 사람들의 삶 속에는 존재하지 않는 이와 같은 인위성을 양산하면서, 연극이 삶을 가장 잘 집약적으로 보여주는 예술이라고 주장하기는 어렵다.

앞서 감각훈련의 목표에서, 감각훈련은 정서적 기억의 신속하고 지속적인 사용을 가능케 하기 위한 것이라 하였다. 정서적 기억의 사용은 메소드연기와 관련해 가장 많은 논쟁을 낳고 있는 부분이기도 하지만, 메소드연기를 다른 연기법과 확연히 구분 짓는 중추적 특성이기도 하다. 정서적 기억은 단순히 기억이 아니라, **살아있는 역사**이다. 잊혀진 기억은 기억이 아니다. 배우는 자신의 살아있는 역사를 인물에, 그리고 극 세계 속에 불어넣음으로써, 인물과 극 세계에 생명력을 불어넣고, 진실과 리얼리티를 창조하게 되는 것이다. 그러므로 배우에게 자신의 삶의 역사의 순간순간을 다시 살 수 있는 능력, 재경험/재창조할 수 있는 능력, 그리고 그것을 인물의 행동과 말을 빌려 표현할 수 있는 능력은 살아있는 인물을 창조하고 리얼리티를 창조하기 위한 필수적 능력이 된다. 메소드연기가 정서적 기억을 가장 중요한 연기 요소로 강조하는 이유는 **인간 경험의 구체성, 진실성, 완전성, 그리고 역사성**에 대한 믿음 때문이다. 정서적 기억은 그 자체로서 완전하고 진실하고 구체적이고 역사를 가진 인간 경험의 결정체이다. 정서적 기억의 사용 없이, 이 네 가지 요소를 연기에 가져올 수 있는 다른 방법이 있다면, 그 방법도 당연히 크게 환영받을 일이다. 가령, 부모 자식 관계, 형제 남매 관계를 연기하려면, 가족으로서 함께 살아온 역사 없이, 그 긴 시간 동안 충적된 애증과 정, 태도, 역학관계 등등이 모두 녹아있지 않는 한 리얼한 관계를 연기할 수 없는 것이다. 정서적 기억을 사용한다면, 정서적 기억 안에 이 모든 것들이 녹아있기 때문에, 일일이 계산해 따로 준비할 필요가 없게 된다.

정서적 기억 훈련은 배우 자신에게 강한 영향을 준-그래서 정도의 차이는 있겠지만, 자신이 삶이 바뀌게 돤-과거의 경험을 재창조/재경험하는 것이다. 리 스트라스버그의 설명에 따르면, 그 경험은 가급적이면 7년 이상된 경험이 훈련의 목표에 가장 부합한다. 아직 자신의 내면에 제대로 정착이 되지 않은 경험은 불안정하기 때문에 사용하지 않는 것이 좋다. 그러나 만약 7년 이상된 경험을 재창조했을 때, 그 경험을 생생하게 다시 경험할 수 있다면, 그 경험은 앞으로 평생 연기에 활용할 수 있는 경험이 된다. 최근의 경험은 당장에 효과를 볼 수도 있지만, 일 이 년 지나고 나면, 다시 쓸 수 없는 경우가 많다. 다시 말하지만, 나에게 오랜 세월 잊혀지지 않는 경험은 나의 일부로서 굳건히 자리잡았기 때문이다. 다양한 극적 인물들이 경험하는 감정의 폭과 깊이를 감안할 때, 자신에게 일어났던

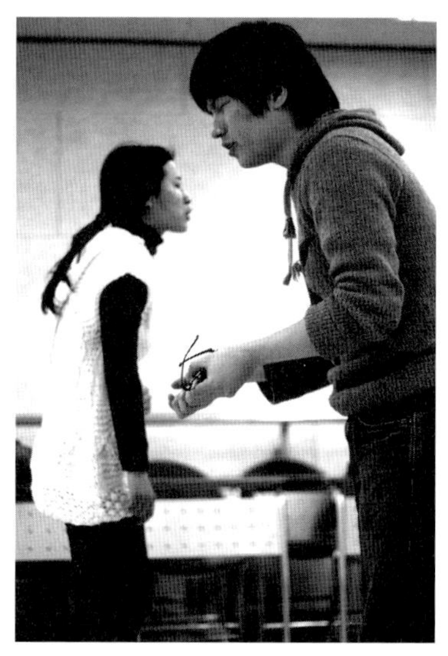

감각훈련 도중 정서를 표출하고 있는 배우들

가장 강력했던 경험을 선택해서 훈련하는 것이 바람직스럽다. 물론, 경험 자체가 강력했던 만큼 그 경험을 다시 경험하는 것이 큰 용기와 의지를 요하는 것이긴 하다. 하지만 표현이 어려운 것을 표현하고 나면, 자신 안에 있는 표현에 대한 심리적 저지선이 무너지고, 자유로운 표현이 가능한 상태에 곧장 도달하게 된다. 무엇보다 중요한 것은, 낭시의 경험을 재창조함에 있어서, 철저하게 오감의 경험으로서 끝까지 재경험하는 것이다. 당신의 사건이 발생하기 전까지의 환경, 즉 어디에 있었는지, 누구와 있었는지, 무엇을 입고 있었는지, 무엇을 하고 있었는지 등을 재경험하는 것을 시작해서 사건에 이르게 한다.

정서적 기억 훈련은 그 자체가 별도의 훈련법으로 사용될 수도 있

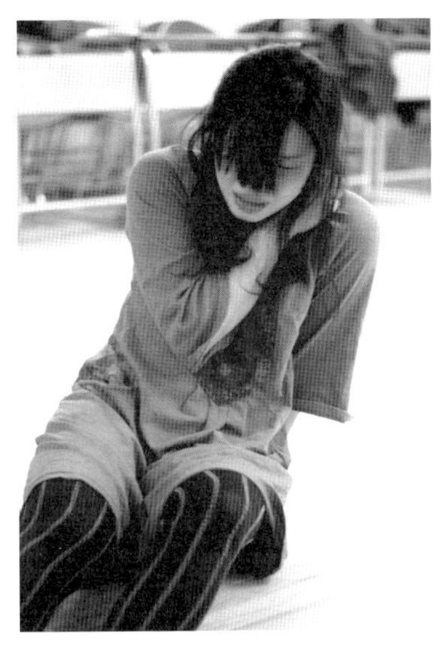

감각훈련 도중 정서를 표출하고 있는 배우

고, 감각훈련의 일부로서 도입될 수도 있다. 훈련에 임함에 있어서, '꼭 무엇이 일어나야 한다'라는 생각을 가질 필요는 없다. 배우가 당시 상황을 생생하게 재경험할수도 있지만, 아무 일도 일어나지 않을 수도 있다. 아무 일이 일어나지 않더라도 그 자체가 훈련이라고 생각하면 된다. 감각훈련법들도 마찬가지 경우이겠지만, 여러 차례의 훈련을 거쳐서 자신의 기억 중에 재경험할 수 있는 것과 없는 것을 발견해 가는 과정이기도 하기 때문이다.

정서적 기억이 오직 감정에 관한 것이라는 오해가 있다. 또한 실제 감정은 제어할 수 없기 때문에, 연기에 사용해서는 안 된다는 생각도 있다. 인간은 살아 있는 한, 감정으로부터 자유로울 수 없다. 살아 있다는 경험 자체로부터 끊임없이 감정은 생겨나고 변화한다. 감정이 없는 인물은 살아있는 인물이 아니다. 무표정, 무감정의 상태처럼 보이는 것도 일종의 감정이다. 마찬가지로 생각이 없는 인물도 살아있는 인물이 아니다. 여기서 우리가 반드시 기억해야 할 것은, 감정은 그 자체를 만들어낼 수 없다는 것이다. 왜냐하면 감정은 오감의 경험으로부터 유발되는 것이기 때문이다. 즉, 감각인식의 결과물이다. 스타니슬라프스키의 후기이론처럼 때론 행동으로부터 유발되기도 하고, 그렇게 유발된 감정이 다른 행동을 낳는 순환구조 속에서 감정은 살아 움직인다. 감정 자체는 통제할 수 없는 것이겠지만, 감정을 유발하는 감각적 경험은 오감의 기억과 정서적 기억을 통해 얼마든지 재경험할 수 있는 것이다. 훈련을 거치면서, 다른 신체 훈련법과 마찬가지로, 정서적 기억을 불어오는 것도 더 쉬워지고 빨라질 것이다. 궁극적으로는 1초 안에 인물의 마음과 정신을 채울 수 있는 모든 내적 요인들을 자신 안에 생성하고, 그것이 억압과 긴장 없이 몸 전체로 퍼져나가고 순환되어 **표현되는** 것을 목표로 한다. 모든 훈련법, 방법들이 그러하듯이, 훈련의 최종목표는 훈련법 자체가 필요없는 경지이기 때문이다.

감각훈련의 단계

감각훈련은 크게 다섯 단계로 분류할 수 있다. 1단계 훈련에서는 주로 한 가지 감각적 경험을 창조하는데 초점이 맞춰지고, 2단계에서는 두 가지, 3단계에서는 세 네 가지 감각적 경험을 동시에 창조할 수 있도록 훈련받는다. 감각훈련에는 훈련마다 되풀이 사용하는 대사나 노래를 덧붙여서, 말과 노래가 그 표면적 의미보다는, 배우 자신이 현재 하고 있는 체험, 그리고 그 체험이 수반하는 느낌, 감정, 사고에 물들어져 표현될 수 있는 능력을 배양한다. 4단계에서는 가상이나 환상의 자극을 설정하고 그에 대한 감감적 반응을 탐색하거나, 비일상적 체험을 감각적으로 재현하는데 할애되며, 5단계는 혼자만의 시간(Private Moment) 훈련에 집중한다.

각 단계별로 소요되는 시간은 각 배우의 감각 발달정도, 훈련에 임하는 자세와 태도, 의지, 개인별 연습정도에 따라 달라진다. 어떤 배우는 한 단계를 한 달 만에 마칠 수도 있고, 두세 달, 심지어 6개월 이상이 소요될 수도 있다. 예를 들어, 필자는 3단계 훈련에 3개월이 걸렸고(필자의 스승은 6개월이 걸렸다고 한다), 5단계 훈련에 2달이 걸렸다.

감각훈련을 시작하기 위해서는 긴장이완이 반드시 선행되어야 하고, 훈련 도중에도 끊임없이 긴장 이완의 상태를 신체 부위를 움직여가며 점검해야 한다. 그렇지 않으면, 일상생활에서와 마찬가지로 배우의 몸은 표현하지 않도록 잠거버리기 때문이다.

감각훈련은 최소한 50분은 지속하도록 리 스트라스버그는 요구하고 있다. 배우의 집중력과 몰입을 훈련하기 위한 최소한의 요구시간이기 때문이다. 훈련의 초기 단계에 몰입이 잘 되지 않는 것은 자유스러운 현상이다. 감각훈련과 '더불어' 집중력이 향상되는 것이지, 집중력이 완전히 만들어진 다음 감각훈련을 시작하는 것이 아님을 기억해야할 것이다.

감각훈련이 이루어지는 시공간이 배우 자신에게 완전한 자유의 시간, 자유의 공간이 될 수 있도록 배우 자신이나, 동료, 교육자 모두가 노력을 기울여야 한다. 상상력이 마음껏 나래를 펼 수 있고, 무엇이든 그 표현이 가능한 시공간이 되지 않는 이상, 감각훈련은 지리한 시간낭비로 끝나기 쉽다. 옳고 그름이 감각훈련에는 존재하지 않는다. 배우 자신의 고유하고 진실한 체험만이 있을 뿐이다. 유일한 조건은 긴장하려는 자신, 표현하지 않으려는 자신과 맞서는 용기와 의지의 발휘이다.

다음에 제시된 훈련의 순서와 과정은 리 스트라스버그의 방법과 절차에 필자의 방법을 추가하여 구성한 것이다. 오랜 연구와 경험 끝에 구성한 것으로 나름대로의 이유가 있는 것이니 가급적 이 순서를 지켜가며 훈련하는 것이 좋다. 그러나 항상 예외적인 경우가 있기 마련이고, 지도하는 교육자의 판단에 따라, 특정 배우에 대해 달리 적용할 수 있는 유연성은 얼마든지 열려있다. 특히 2단계부터 여러 가지 감각적 경험이 배합될 수 있는 경우의 수는 수백 가지를 넘어서니, 각 배우에게 어떤 배합이 유효할지 판단하는 것은 전적으로 교육자의 몫이다.

중요한 것은 무엇을 하느냐가 아니라 어떻게 하느냐임을 잊어서는 안 되겠다. 배우는 무대에서 매일 밤 같은 상황 속의 같은 인물의 같은 경험을 관객 앞에 처음 경험하는 것처럼 연기한다. 또 카메라 앞에서 하나의 장면을 되풀이해서 수차례 촬영을 한다. 만약 배우가 이를 단순히 반복한다면, 연기는 살아있는 인물을 창조하고 있다기보다는 짜여진 틀 안에서 기계적으로 동자을 반복하며 살아있는 인물인 척할 뿐이다. 배우는 매 공연 공연을 살아있는 인물로 매 순간 순간을 새로이 체험함으로서 창조적인 예술가로서의 소임을 다하는 것이다. 그와 같은 능력은 배우가 평소 매 훈련에 임하는 자세에서부터 길러지는 것이다. 훈련에서부터 기계적인 습관을 배운다면, 배우훈련은 받지 않느니만 못하다.

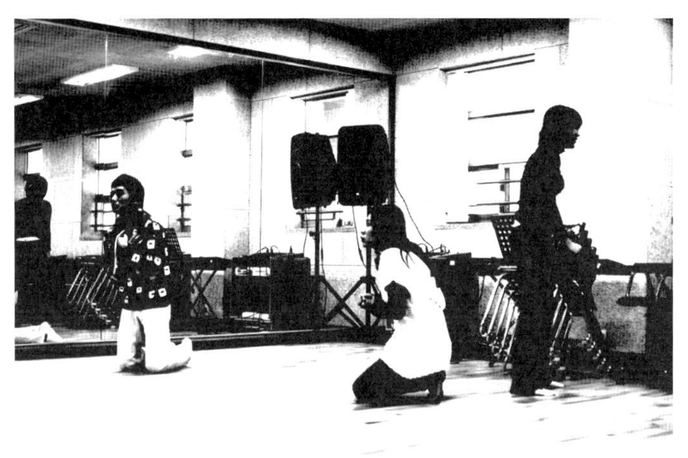

감각훈련 중인 배우들

이제 실제로 감각훈련 하나하나를 어떻게 해나가야 하는지 설명하고
자 한다. 각 훈련마다 적용되는 기본 원칙은 같다. 그렇기 때문에, 대표적
인 훈련법들에 대해서만 자세한 방법을 설명하도록 하겠다. 훈련법을 상세
하게 논하기에 앞서, 몇 가지 유의해야할 점이 있다.

감각훈련 중 심신의 긴장 상태를 스스로 점검하고 긴장을 풀어주는
것이 중요하다. 긴장은 여러 가지 형태로 나타난다. 잡생각도 일종의 긴장
이다. 그러나 가장 문제가 되는 긴장은 **표현을 하지 않으려는 긴장**이다.
이 긴장의 원인은 배우가 훈련 도중 실제로 어떤 진실/실체를 경험할 때,
이를 표현하기보다는 숨기거나 억누르려고 하는 심리에서 생겨나고, 그것
이 신체적 증상으로 이어져 근육과 골절이 잠기게 된다. 감각훈련은 많은
경우 배우에게 어떤 감정을 유발할 때가 많다. 감각의 경험의 결과로 감

정이 유발되는 것은 자연스러운 현상이고, 감각훈련을 하는 주된 목적 중의 하나이다. 감각훈련이 어떤 감정을 촉발하였을 때야 말로 **표현의 중요한 순간**이 된다. 자신의 감정을 자신이 내는 소리에 온전하게 담으려고 노력해야 한다. 감정이 격해진다면, 두 팔을 어깨 넓이로 벌리고 '아' 모음으로 자신의 감정을 다 뱉어낸다. 감정으로 인해 훈련을 지속하기 어려운 경우에는 훈련을 잠시 중단하고 긴장이완법에 근거해 잠긴 근육과 골격을 풀어주어야 한다. 그리고 무엇보다, 표현하지 않으려는 자신에 맞서는 용기가 필요하다.

긴장의 이완훈련 때와 마찬가지로, 감각훈련 중에도 지속적으로 소리를 내는 것이 중요하다. 자신이 감각훈련 중에 하는 경험을 있는 그대로 소리로 솔직하게 표현하여야 한다. 소리라는 것은 자신의 표현이나 의사소통의 욕구에서 '비롯되는' 것이다. 어떠한 소리도 그 원천으로 분리되어 별개의 실체로 존재할 수 없다. 그런 소리는 모두 인위적인 소리, 작위적인 표현에 불과하다. 감각훈련은 소리의 원천을 제공한다. 바로 감각훈련 도중 자신이 하는 '경험' 자체가 소리의 원천이 되는 것이다. 그 경험을 소리로 표현하고자 하는 노력은 메소드연기가 지향하는 '자유로운 소리', '살아 움직이는 소리', '진실한 소리', '완전한 소리'에 나아가기 위한 첫 걸음이 된다. 자신의 경험에 충실하다면, 그 경험이 진실하고 살아 움직이는 경험이라면, 소리는 자연적으로 진실하고 살아 움직일 수밖에 없기 때문이다. 훈련의 초기에는 '아' 모음 한 가지로만 소리를 내고, 훈련이 지속될수록, 연습용 독백이나 노래를 추가한다. 이때 연습용 독백이나 노래는 '아' 모음과 마찬가지로 철저하게 자신이 순간에 하는 경험이 그대로 소리에 반영될 수 있는 방식으로 내뱉어야 한다. 소리의 크기는 자신이 하는 경험의 '선명함'의 정도에 따라 자동적으로 조절되게 한다. 즉, 경험이 선명할수록 소리는 인위적이지 않는 선에서 커지기 마련인 것이다. 그리고 소리는 자신이 낼 수 있는 음역대 전체에 걸쳐 낼 수 있어야 한다. 편안한 음역대와 성량에 머무르기 보다는 자신의 경험이 어느 음역대에서 어떤 성량으로 가장 완전하게 표현되는지 끊임없이 실험해 보어야 한다.

훈련 중 유의해야할 점이 한 가지 더 있다. 훈련 중에 집중이 깨어질 수 있는데, 그 자체는 아무런 문제도 되지 않는다. 앞서 말했듯이, 집중력은 감각훈련과 더불어 발달해갈 것이다. 문제가 되는 것은 집중이 깨어졌을 때 그것을 소리로 표현하지 못하는 것이다. 잡생각, 좌절감, 짜증 등등을 길게 '아~ ~' 소리에 담아 내보내도록 한다. 사소한 한 가지라도 그것을 표현하지 않고 억누르게 되면, 이것이 훈련 전체에 영향을 미치게 된다는 점을 기억하자.

1) 긴장 이완의 상태를 유지하고, 필요하다면 훈련을 잠시 중단하고 긴장을 풀어준다.

2) 오감의 경험에 집중한다.

3) 훈련 중 발생하는 모든 생각, 느낌, 감정, 충동 등은 모두 소리로 표현하여야 한다. 표현하지 않으려는 자신과 끊임없이 싸워야 한다.

4) 소리는 '아' 모음, 독백의 대사, 노래를 사용해서 표현한다. 대사나 노래의 경우 한 가지만을 훈련용으로 반복해서 사용한다. 훈련을 대사나 노래에 맞추는 것이 아니라, 역으로 대사나 노래를 훈련에 맞추어야 한다. 즉, 대사를 하거나 노래를 제대로 하는 것이 목적이 아닌 만큼, 감각의 경험과 그에 대한 자신의 심신의 반응을 그대로 담으려고만 노력한다.

   대사를 노래로 부르는 것도 가능하다. 이때는 작곡에 대한 부담감 없이 '마음의 선율'을 그냥 따라간다면, 항상 가장 아름다운 선율로 노래할 수 있을 것이다.

5) 눈을 감고 시작한다. '술' 훈련 때부터, 서서히 눈을 뜰 수 있다. 궁극적으로는 눈을 뜨는 것이 감각훈련의 목표이지만, 집중력과 감각의 경험이 선명하게 이루어질 때에만 눈을 뜨도록 한다.

6) 의자에 앉아서 훈련하는 것을 기본으로 하지만, 눈을 뜨는 것과 같은 원칙에서, 전신감각이 도입되면서부터는 의자에서 일어설 수 있다. 눈을 뜨고 이리저리 움직여야 하는 훈련들은(예를 들어, '장소', '꿈', '환상'과 같이) 의자에서 하지 않아도 된다.

1단계: 기본훈련

실제로 자신이 즐겨마시는 커피나 차가 담긴 잔을 가지고, 오감으로 잔을 보고 듣고 냄새 맡고 맛보고 느껴본다. 그런 다음 잔 없이 잔이 손에 있다고 생각하고 감각의 기억을 떠올려 본다. 이때 최소한의 에너지를 사용해서 천천히 슬로모션처럼 잔의 무게를 느끼고 잔의 재질을 만져보고 두들겨 소리를 들어보고 잔에서 풍겨 나오는 향기를 맡아보고, 천천히 커피맛을 본다. 커피가 입안에 들어갔을 때 입속에서 퍼지는 느낌, 목구멍을 따라 내려가는 느낌까지 다 경험한다. 그리고 잔의 온기를 온몸으로 느껴본다.

최소한의 에너지를 사용해서 슬로모션처럼 천천히 해야하는 것은 우리가 처음 잔의 사용법을 터득한 이후로 잔에 대한 우리의 감각은 자동화되어 있기 때문이다. 그러나 이렇게 가상의 잔이 있다고 설정하고 감각기억을 떠올리는 감각훈련에서는 감각이 자동화되기 이전 단계로 되돌아가야 한다. 어린아이들이 처음 입에 무엇을 갖다댈 때, 정확하게 입으로 집어넣는 경우는 없다. 많은 시행착오와 반복을 통해 자연스럽고 무의식적으로 뭔가를 입으로 정확하게 가져올 수 있게 된 것이다.

군이 커피잔이나 찻잔을 설정하는 이유는 따뜻한 잔을 사용하는 것이 첫 단계에서는 더 효율적이기 때문이다. 자극이 강할수록 감각의 기억도 선명하기 마련이다.

　5분 정도 잔을 탐색하다보면 우리가 상투적으로 할 수 있는 것은 다 동나기 마련이다. 다음 45분은 잔을 가지고 최대한의 상상력을 동원해서 온몸으로 잔을 느껴가며 잔을 가지고 할 수 있는 모든 동작을 해보라. 어린 아이가 난생처음 물건을 만져보는 것처럼, 아무것도 당연시하지 말고 미지의 물체를 처음 접하는 것처럼 실험한다. 45분이 지겹게 느껴질지 모르지만, 그만한 집중력과 상상력의 작용 없이 상투성의 표현단계를 벗어나기 힘들다.

　실제 잔을 가지고 연습하고 나서는 잔 없이 손에 잔이 있다고 생각하고 감각기억을 탐색해가야 한다. 이때 잔의 손잡이를 쥐는 두 손가락의 부분이 서로 닿아서는 안 되고 잔을 피부로 느낄 때에도 피부와 피부가 서로 맞닿아 서는 안 된다. 중간 중간에 몸에 긴장이 들어가는 부분은 없는지 점검해서 긴장이 들어간 부분이 있으면 근육을 움직여 긴장을 풀어주고는 재개해야 한다.

감각훈련 2: 귤 까먹기

귤은 자신이 원하는 위치에 원하는 만큼 있다고 상상한다. 하지만 처음에는 귤 하나에 집중해서 시작하는 것이 좋겠다.

　귤 하나를 집어 든다. 먹는 과일이라고 생각하지 말고 처음 보는 물체처럼 천천히 이 물체의 실체를 파악해 나간다. 무게를 느껴보고, 이렇게 저렇게 눌러보고, 가볍게 던졌다 받아보고, 냄새를 맡아보고, 껍질을 까지 않고 입에 넣어보고, 껍질 맛을 보고, 그 맛을 느끼고 표현하고 하면서,

귤이 먹는 것이라는 것과 먹는 방법을 오감을 통해서 터득해 나간다.

먹는 법을 터득하고 나서는 본격적으로 귤의 맛을 느껴본다. 귤 하나를 떼어내 입 속에 넣고 살짝 깨물어 본다. 즙이 나면서 느껴지는 맛, 그 맛이 입 속에 퍼지는 느낌을 경험한다. 그리고 나서는 좀 더 씹는 과정을 거쳐, 목구멍으로 넘겨본다. 넘어가는 느낌을 하나하나 놓치지 말고 경험해 본다.

이와 같은 방법과 과정을 통해 귤을 오감을 통해 충분히 경험한 후에는, 먹는 것 이외의 귤의 용도에 대해서 탐색해 본다. 귤이 먹는 것이 아니라면, 그것을 가지고 무엇을 할 수 있는지 마음껏 경험해 본다. 어떠한 선입견에도 얽매이지 말고, 던져보고, 밟아보고, 비벼보는 등 갖은 동작들을 해보면서, 자신만의 귤의 용도를 찾아보자.

이 단계가 지나고 나서는 눈을 뜨고, 자신의 눈앞에서 서서히 귤이 생명을 가진 존재로 천천히 변해간다고 상상한다. 이제 살아있는 귤(어떤 생명체인지는 전적으로 배우 자신의 상상력과 감수성에 달려있다)과 하고 싶은 모든 것을 해본다. 자유롭게 생명이 있는 귤과 교감한 뒤, 작별인사를 하고, 훈련을 끝낸다.

감각훈련 3: 거울

자신의 눈높이 앞에 가상의 거울이 있다고 상상한다. 자신의 얼굴을 들여다보면서, 여자는 세면과 화장을, 남자는 세면과 면도를 한다. 눈을 감고 했던 앞의 감각훈련들과는 달리, 이 훈련은 눈을 뜨고 한다. 자신의 모습을 얼마나 생생히 가상의 거울을 통해 볼 수 있는가가 훈련의 중요한 포

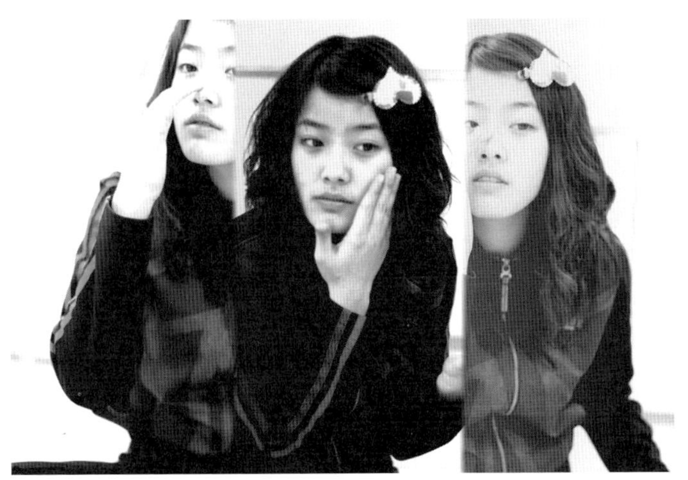

거울훈련 중인 배우

인트가 되기 때문이다.

세면과 화장/면도에는 여러 가지 물질, 재료, 및 도구가 사용된다. 그 각각에 대해 커피잔/찻잔훈련시와 동일한 방법으로 오감의 기억을 통해 감각적 경험을 해나간다. 난생 처음 하는 경험처럼 아무것도 당연시하지 않는 것이 중요하다. 서둘러 세면과 화장/면도의 전 과정을 끝내는 것은 전혀 중요하지 않다. 마치 슬로우 비디오처럼 천천히 조심스럽게 세면/화장과 관련된 감각적 경험을 해나간다.

훈련 중간 중간에 긴장 상태를 점검하고 필요에 따라 긴장 이완을 행한다.

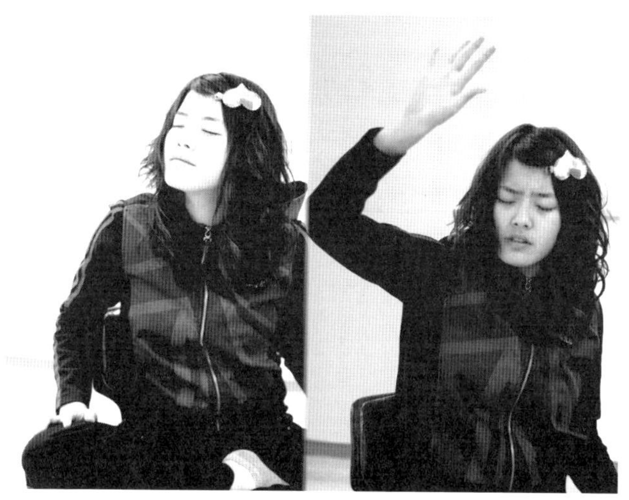

햇빛훈련 중인 배우

이 훈련은 감각훈련 3을 통해서, 거울 속에 비쳐지는 자신의 모습을 선명하게 보지 못한 경우에 추가되는 훈련이다. 따라서 감각훈련 3에서 별다른 문제가 없었다면, 생략해도 무방하겠다.

질감이 전혀 다른 세 가지 섬유나 천 등을 골라서, 그 촉감을 온몸의 피부를 통해 차례로 그리고 번갈아 경험해 본다.

이 훈련은 이후 전신감각(overall sensations)을 도입하기 위한 중요한 받침대가 된다.

햇빛훈련은 긴장의 이완과 거의 같은 방식으로 이루어진다. 즉, 신체 각 부위를 천천히 움직이면서(그 부위에만 집중해야 한다), 그 부위의 피부에 햇빛이 와서 닿는 느낌을 경험하는 것이다. 신체 부위를 세분화하면 할수록 좋다. 신체 부위별로 햇빛을 느낄 수 있는 정도는 다르기 마련이고, 햇빛이 피부에 닿는 느낌도 개인마다 다르다. 사람에 따라, 즐거운 경험이 될 수도 있지만, 매우 고통스러운 경험이 될 수도 있는 것이다.

훈련을 시작하기에 앞서 강렬한 태양을 먼저 설정한다. 태양의 위치는 필요에 따라 얼마든지 배우가 바꿀 수 있다. 즉, 등에 햇빛을 경험하기 위해서 배우가 몸을 돌릴 필요가 없다. 태양의 위치를 바꾸면 된다.

감각훈련 6: 냄새

<향수>라는 영화를 보면, 세상을 후각으로 경험하는 남자가 나온다. 이처럼 자신이 기억하고 있는 냄새들을 숨을 들이쉬면서 코를 통해 다시 맡아보려고 한다. 강한 냄새일수록 기억하고 경험하기는 더 쉬울 것이다. 경험할 모든 냄새를 미리 정하지 말고, 하나씩 하나씩 경험해 가다보면 경험하고 싶은 냄새가 절로 생겨날 것이다. 뜻밖의 냄새가 많은 기억들을 떠오르게 할 것이다. 그 모든 경험들을 소리로 표현한다.

감각훈련 7: 맛

자신이 저녁 식사로 즐겨먹는 음식들을 먹어보며 감각적 체험을 하는 훈련이다. 미각과 후각이 주로 사용되겠지만, 빗깔과 소리도 분명 개입될 수밖에 없다. 특정 음식을 씹을 때 나는 소리나 찌게가 끓는 소리 등이 그 예가 될 것이다.

자신의 앞에 저녁 밥상이 차려져 있다고 상상한다. 자신의 기억/실제 경험에 기반해서, 식당 음식보다는 어머니가 만들어주신 저녁상이면 더욱 좋겠다. 앞에 차려진 음식들을 미각, 후각, 청각, 시각을 동원해 아주 천천히 경험해 나가면서 식사를 한다.

감각훈련 8: 날카로운 통증/고통

자신이 실제로 경험했던 고통과 통증을 다시 경험하는 훈련이다. 예를 들어 어디가 골절된 경험이라든지, 두통, 치통, 생리통 등의 통증, 날카로운 것에 베인 경험 등이 이제 해당되겠다. 고통이 심했던 경험일수록 더 효과적인 훈련이 된다.

통증을 느꼈던 부분의 통증을 다시 느끼는 것으로 훈련을 시작해서, 그 통증과 고통이 신체 전체로 퍼져나가게 한다. 긴장 이완에서와 마찬가지로, 통증을 유지하는 선에서 신체의 다른 부분들을 움직여가며, 통증이 퍼져나가게 한다.

직접적인 통증의 부위 이외의 다른 부분들을 끊임없이 움직이려고 해야 하는 이유는 날카로운 통증이 따르는 만큼, 자연적으로 신체가 긴장하기 때문이다. 미간이나 입, 어깨 등등 긴장이 쉽게 들어가는 부위에 긴장을 완화하려는 노력을 함께 병행하여야 하는 것이다.

감각훈련 9: 술

술을 마신 경험이 있다면, 이 훈련은 자신의 신체 내에서부터 시작되는 자극과 그 자극에 대한 몸의 반응을 경험할 수 있는 가장 좋은 훈련이 된다.

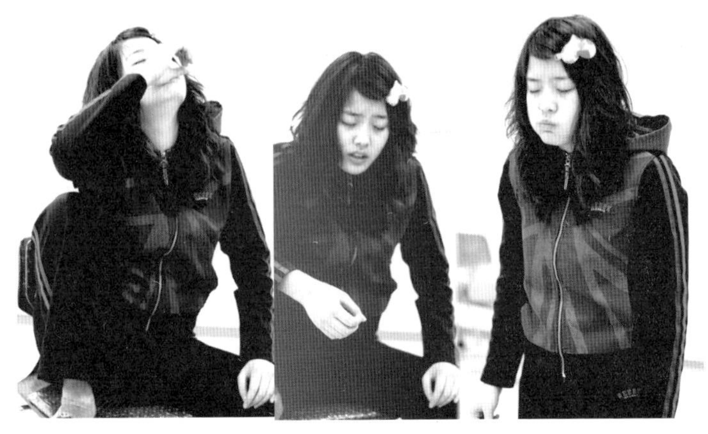

술훈련 중인 배우

처음엔 자신의 앞에 술병과 술잔이 있다고 상상한다. 천천히 술병을 들어 술잔에 술을 따른다. 술병을 잡을 때와 들 때 정확하게 얼마만큼의 힘이 필요한지 느껴보고, 술이 병에서 나와 술잔에 차는 소리를 듣고, 빛깔을 본다. 술을 따르고 나면, 천천히 잔을 집어 든다. 역시 손가락이 잔에 닿을 때의 촉감을 느끼고, 잔을 들어 올리는데 필요한 힘만 사용한다. 천천히 잔을 얼굴 쪽으로 가져가 빛깔을 확인하고, 술잔 안에서의 술의 찰낭임을 확인하고, 코로 가져가 술 냄새를 맡는다. 술잔을 입으로 가져가 한 모금을 마신다. 술이 입 안에서 퍼지는 느낌, 냄새와 미각을 경험한다. 술을 천천히 목구멍으로 넘기면서 술이 식도를 따라 내려가는 느낌을 경험한다. 이와 같은 방식으로 술을 한 잔 다 마시고 나서는, 긴장 이완 때와 마찬가지로 몸의 각 부분을 움직여 가며, 술기운이 움직이는 부위에 퍼지게 한다.

이상과 같은 방식으로 술을 주량껏, 혹은 주량 이상 마신다. 중요한 것은 술을 한 잔 마실 때마다, 신체 부위를 하나씩 움직이면서, 술기운이 몸 전체로 퍼지게 하는 것이다. 술을 다 마시고 나면, 천천히 일어나서 몸 전체로 술기운을 느껴본다. 필요하다면, 특정 부위를 다시 움직이면서 술기운을 경험한다.

술 훈련부터, 배우는 훈련 중반 이후에는 중간 중간에 눈을 뜰 수 있다. 눈을 뜬 상태로 경험을 계속할 수 있도록 노력하되, 집중이 깨어진다면, 다시 눈을 감는 것으로 되돌아간다.

감각훈련 10: 샤워

샤워는 진정한 의미에서 온 몸으로 경험할 수 있는 감각적 경험이다. 당연한 이유겠지만, 샤워 시에 우리는 몸에 아무런 옷도 걸치고 있지 않은 상태이기 때문이다. 따라서 훈련은 옷을 벗는 것으로 시작해 옷을 다시 입는 것으로 끝이 나겠지만, 훈련을 위해 실제로 옷을 벗지는 않는다. 다만 감각의 기억만을 이용해 옷을 입고 벗는 것을 경험할 뿐이다. 샤워는 완전히 혼자인 상태에서 하는 경험이기 때문에, 훈련 도중 자신이 혼자라고 느낄 정도로 완전한 집중과 몰입의 상태를 유지할 수 있다면, 훈련의 효과는 극대화될 것이다.

기본적인 훈련 방법은 햇빛훈련 때와 마찬가지로, 샤워기로부터 쏟아져 나오는 물이 피부 각 부위에 와 닿는 느낌을 경험하는 것이다. 물의 온도와 물의 세기가 경험의 중요한 요인이 된다. 물의 온도와 물의 세기의 변화를 경험해야 한다. 또한 물줄기를 신체 부위별로 최대한 세분화해

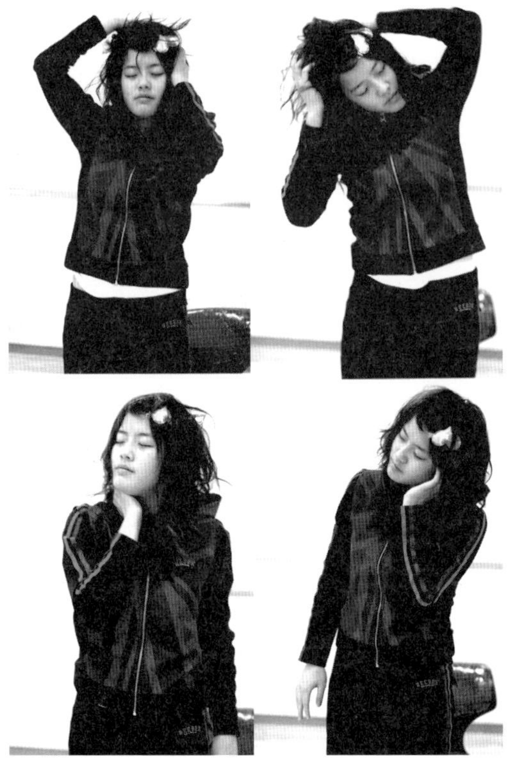

샤워훈련 중인 배우

서 '빠지는 부위 없이' 경험한다.

그리고 나서는 자신이 실제로 샤워하듯이 샤워를 하면서, 그 과정에 개입되는 모든 감각적인 경험을 온 몸으로 느껴보고 경험한다. 가령, 샴푸와 린스, 비누, 바디 와쉬 등을 사용할 경우 각각의 자극에 대한 오감의 경험을 충실히 재경험하도록 노력한다.

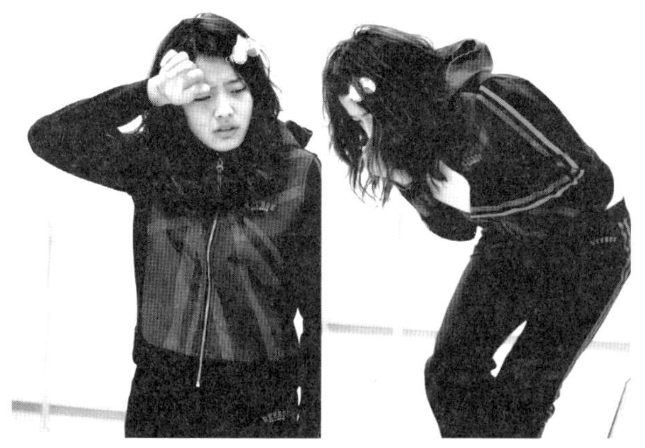

날씨훈련 중인 배우

샤워가 끝나면 수건으로 몸 전체를 세분화해서 닦고, 머리를 말리고, 옷을 천천히 다시 입는다. 훈련이 끝나면, 교육자는 필히 각각의 배우와 눈을 마주쳐서 그들이 얼마만큼 사적인 경험을 하였는지 확인한다.

감각훈련 11: 목욕/사우나/찜질방

집에서 하는 샤워훈련 이후에, 대중목욕탕에서의 목욕이나 사우나를 경험하는 훈련을 몇 회 추가한다면, 긴장과 억압의 제거에 탁월한 효과가 있음은 물론이고, 신체 전체를 진정한 경험과 표현의 도구로 활용할 수 있는 능력이 훨씬 더 빨리 배양될 것이다. 훈련방법은 샤워훈련과 동일하다.

감각훈련 12: 날씨와 기후

날씨와 기후도 역시 자신의 신체 전체를 통해 경험하는 감각적 경험들이다. 바람, 비, 눈, 추위, 더위, 안개, 황사 등 종류를 바꾸어가면서 5회 이상 훈련을 반복해야 한다.

날씨와 기후같은 감각적 경험들을 전신감각(overall sensations)이라 부른다. 전신감각은 신체 외적인 자극과 내적인 자극으로 구분되는데, 날씨와 기후는 외적인 자극들이다.

기본적인 훈련법은 햇빛, 술, 샤워에서 사용했던 방법을 두루 통합한 것이다. 신체 중에서 각 자극에 가장 예민한 부분에서 시작해, 자극에 대한 오감의 기억과 신체의 반응을 재경험하면서, 천천히 신체의 다른 부분들을 차례로 움직여 가면서, 경험이 신체 전체로 퍼져나가게 한다.

감각훈련 13: 물

물을 생명과 밀접한 관련이 있는 감각적 경험의 대상이다. 샤워나 목욕훈련 때 경험하기는 하지만, 이제 본격적으로 온몸이 물속에 잠겨있다고 상상하고 물과 물의 저항을 온몸으로 경험해 나간다. 물속에 잠겨있지만, 숨은 쉴 수 있다고 상상한다.

훈련이 진행되면서, 자신이 있는 물속이 바닷속이라고 상상하며, 바닷속 공간을 탐색힌디. 경험과 상상이 자유롭게 어우러지는 훈련이나.

감각훈련 14: 불

생활 속에는 많은 불들이 존재하고, 불에 한번 정도 덴 경험은 누구에게나 있을 것이다. 그 다양한 불들의 밝기, 열 등을 오감을 통해 경험해 나간다.

훈련의 후반에는 상상의 영역으로 옮겨가서, 자신이 불의 신이라도 된 것처럼 마음껏 불을 휘두를 수 있다고 상상하고, 불로 하고 싶은 모든 것들을 해본다.

감각훈련 15: 연기

연기는 시각적 후각적 경험이 큰 감각의 대상인데, 무엇보다 호흡기관에 많은 영향을 준다.

훈련의 후반에는 상상의 영역으로 넘어가, 연기와 자신의 몸이 하나가 되어 움직인다고 상상하고, 자신의 몸을 자유롭게 움직여 본다.

감각훈련 16: 장소 (특히 유년기의 장소)

자신의 기억 속에 생생하게 살아 남아있는 장소를 선택한다. 유년기의 장소일수록, 더욱 효과적이다.

그 장소를 보고, 듣고, 만져 보면서 먼저 그 장소를 창조한다. 이 과정을 소홀히 하면, 집중력이 떨어진다. 오감의 기억을 통해 장소를 착실하게 경험해가면서 창조해야 한다. 그리고 나서는, 그 장소에서 자신이 했던 행동들을 해본다.

감각훈련 17: 사진

눈앞에 자신의 사진첩이 있다고 상상한다. 사진첩 자체를 오감을 통해서 느껴본 다음, 천천히 사진첩을 넘겨가면서, 사진들을 하나씩 하나씩 본다. 사진을 보는 데에 충실하고, 사진과 함께 떠오르는 기억들을 소리로 표현

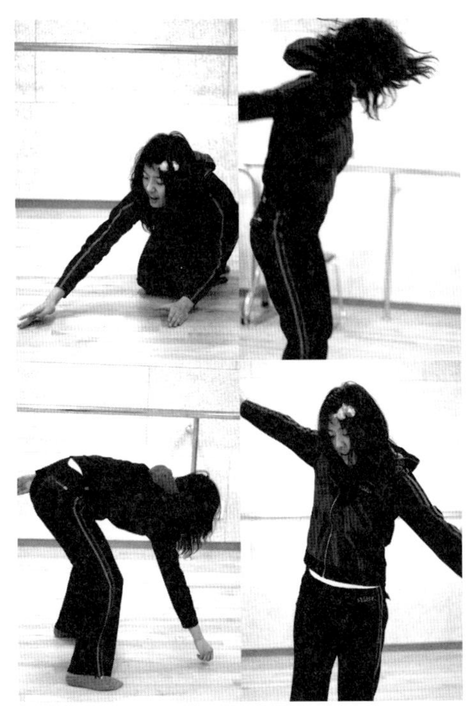

장소훈련 중인 배우

한다.

　사진첩을 다보고 나면, 기억에 남는 사진들을 자신이 있는 훈련공간의 육면체, 즉 위, 아래, 앞, 뒤, 좌, 우 원하는 위치에 원하는 크기로 걸어놓고 바라본다.

감각훈련 18: 신체 내적 전신감각

감기몸살, 어지러움/현기증, 구토증세, 취기, 허기, 가려움, 약기운, 성적 흥분, 생리현상 등 신체 내부로부터 느껴지는 전신감각을 말한다. 외적 전신 감각과 마찬가지로 종류를 바꿔가며 적어도 3회 정도는 훈련을 되풀이 한다.

기본적인 훈련방법은 술이나 날씨와 동일하다. 자극에 예민한 부분에서 시작해서, 신체의 각 부분을 천천히 움직이면서, 자극이 신체 전체로 퍼져가게 하고, 자극에 따른 신체 반응이 저절로 일어나게 한다.

감각훈련 19: 개인 사물(personal object)

개인적으로 감정적 의미를 가진 물건이어야 한다. 사랑하는 사람의 유품 같은 것이 좋은 예가 되겠다. 하지만, 훈련 자체는 감정적 의미에 초점을 두기 보다는, 오감의 경험에 충실하도록 노력한다. 감정은 자신이 물건에 집중한 만큼, 오감의 경험에 충실한 만큼 자연스럽게 발생할 것이다.

훈련이 마지막 부분에서는 물건을 자신의 손을 떠나 신체의 다른 부위로 옮겨본다. 신체 어느 부위에 두거나 붙이는 것이 가능하다고 상상한다. 즉, 머리에 올려놓을 수도 있고, 이마에 붙일 수도 있고, 목 뒤에 붙일 수도 있다.

2단계: 두 가지 감각의 병행

신체 내외적 전신감각으로 시작해 개인 사물이나 장소를 더하는 방향으로 훈련이 진행된다. 그 결합에 따라 다양한 배합이 나오고, 훈련의 결과도 달라진다. 전신감각을 온 몸으로 느낄 수 있을 때, 다음 요소를 추가해서 두 가지 경험이 병행되게 한다.

두 가지 경험은 서로 부합하는 것일 수도 있지만, 전혀 상반되는 것이어도 무방하다. 그만큼 어려워지겠지만, 각기 다른 두 가지 기억을 병행하면서 완전히 새로운 경험을 할 수 있는 가능성을 열어준다.

훈련 중에 자신에게 일어나는 모든 생각, 느낌, 감정은 철저하게 소리('아' 모음, 대사, 노래)에 담아야 한다.

2단계 말에 정서적 기억을 추가한다. 실연의 기억 같은 것이 좋은 예가 되겠다. 정서적 기억은 감정 자체를 기억하는 것이 아니라, 정서적 경험을 했을 당시의 오감의 기억을 재경험하는 것에 초점을 맞추어야 한다.

감각훈련 20: 장소 + 놀이

감각훈련 21: 장소 + 대상

감각훈련 22: 날씨(전신감각) + 장수 + 대상

감각훈련 23: 전신감각 + 개인 사물

감각훈련 24: 전신감각 + 장소

정서적 기억은 실연의 상처, 자신만의 비밀, 자신이 한 가장 부끄러운 일/생각, 자신이 한 가장 아픈 경험, 누군가와 심하게 다툰 기억, 누군가를 질투한 경험, 자신이 가장 비겁했던 순간, 누군가와 심하게 싸웠던 순간, 가장 무서웠던 경험, 비행이나 탈선의 경험, 가장 즐거운 경험, 가장 행복했던 경험 등이 두루 포함된다. 기억을 바꾸어 가며, 5회 이상 훈련을 반복해야 한다.

3단계: 세 가지 이상 감각의 병행

두 가지 기억을 병행해서 경험하는 것이 가능해지면, 세 가지 기억을 병행해서 경험하는 것으로 나아간다. 세 가지가 가능하면 네 가지, 네 가지가 가능하면 다섯 가지로 나아간다. 다섯 가지 기억을 병행해서 경험할 수 있다면, 연기에 필요한 남다른 자질은 확실하게 갖추어졌다고 볼 수 있다.

전신감각을 기본으로 하고, 여기에 개인적 사물, 장소나 일상적 활동 등을 추가한다. 역시 다양한 배합이 가능하고, 훈련의 결과도 달라진다. 기억들이 서로 상충한다면, 그것 역시 중요한 경험이고 발견이다. 감각훈련은 기억을 이용한 훈련이기는 하지만, 중요한 것은 역시 자신이 **지금 현재** 경험한다는 것이다. 단순히 과거로 돌아가는 것하고는 차이가 있는 경험이다.

개인 사물은 무생물체에서 생명을 가진 살아 움직이는(animated) 사물이나 대상으로 발전할 수 있다. 무생물이 생명을 얻은 것처럼 상상할 수도 있고, 애완동물처럼 실제 살아 움직이는 대상이어도 좋다. 심지어 사람도 가능하다. 3단계 훈련의 몇 가지 예는 다음과 같다.

일상활동은 자신이 매일같이 하는 일이면 어떤 것이든 가능하다. 그만큼 자신에게 익숙하고 잘 할 수 있는 육체적 활동이면 족하다. 이 육체적 활동은 소리를 내는 것과 마찬가지로 훈련 중 자신이 하고 있는 경험이 반영되도록 한다. 즉, 자신이 하는 감각적 경험에 따라, 그 속도나 활기 등이 절로 달라질 것이다.

감각훈련 26: 전신감각 + 개인 사물 + 장소

감각훈련 27: 전신감각 + 살아있는 개인 사물 + 장소

감각훈련 28: 신체 외적 전신감각 + 신체내적 전신감각 + 장소/일상활동
두 가지 전신감각을 신체 내외적으로 병행하는 훈련이다.

감각훈련 29: 전신감각 + 정서적 기억 + 일상활동

4단계: 가상/환상의 자극

가상의 전신감각, 가상의 장소 등 배우의 상상력이 상대적으로 크게 작용하는 요소들을 도입한다. 중요한 것은, 가상의 자극이지만, 앞서의 감각훈련과 마찬가지로 자신의 오감을 통해 온 몸으로 경험하려고 하여야 한다. 집중력과 상상력, 사고력 모두가 크게 요구되는 훈련이다.

감각훈련 21: 가상의 전신감각

예를 들어, 뜨거운 사막에 몸에 꿀이 발라진 채 묶여 있는데, 벌레들이 달려든다고 상상한다.

감각훈련 22: 세 가지 다른 가상의 장소

예를 들어, 세 곳이 각각 피, 물, 꽃으로 가득 차 있는 방이라고 설정하고는 각각의 방에 차례대로 들어가 감각적 경험을 한다. 그리고 나서는 세 장소를 임의로 옮겨다니면서, 경험을 계속한다.

감각훈련 22: 세 가지 다른 장소+다른 날씨+다른 사람

감각훈련 23: 비일상적 체험/가상적 상황

살면서, 일상적으로 체험할 수 없는 특이한 경험을 한 경우, 그 경험을 감각적으로 다시 경험하기.

가상적 체험은 "오스카 남녀주연상을 수상하러 가기 위한 준비"처럼, 가상의 상황을 설정하고 그를 감각적으로 창조하는 것이다.

감각훈련 30: 비밀의 정원

비밀의 문을 통해, 나만의 정원으로 들어간다고 상상한다. 오감을 동원해 몸을 움직여 가며 나만의 정원을 마음대로 꾸며본다.

마지막에는 정원에 만들어진 한 가지 요소를 부수고 다른 요소를 추가한다.

감각훈련 31: 나의 박물관/내가 잃어버린 것들

내가 지금까지 살아오면서 잃어버린 모든 것들이 모여있는 나의 박물관에 와 있다고 상상한다. 내가 잃어버린 것들은 사람일수도 있고, 사물일 수도 있고, 심지어 형체가 없는 것일 수도 있다. 모든 요소들이 골고루 들어가게 나의 박물관을 오감을 통해 만들어 간다.

감각훈련 24: 꿈

자신에게 선명하게 남아있는 꿈의 기억이나 반복적으로 꾸게 되는 꿈을 재현하는 것이다. 자신의 무의식/잠재의식을 연기로 불러올 수 있는 아주 좋은 훈련법이다. 제대로 한다면, 지금까지 자신이 가진 틀과 한계를 뛰어넘어 완전히 새로운 경험을 하게 될 것이다.

꿈에서의 물리적 법칙은 현실의 물리적 법칙과 다른 경우가 대부분이다. 그 점에 유의하자.

자신이 가진 환상이 지금 현재 일어나고 있다고 상상하고, 그 환상을 오
감의 경험을 중심으로 경험해 나가는 훈련이다. 환상인 만큼, 물리적 법칙
에 얽매이지 말고 자유롭고 거침없이 경험하는 것이 좋다.

5단계: 나 혼자만의 시간(private moment)

긴장의 이완 없이 바로 훈련을 시작한다. 먼저 나 혼자만의 공간을 감각
의 기억으로부터 착실하게 재창조해 가며, 그 공간 안에서 나 혼자만이
있다는 프라이버시를 창조한다. 프라이버시의 창조를 돕기 위해 배우는 처
음으로 실제 자신의 물건들을 훈련장소에 가져다 놓을 수 있도록 허용된
다. 프라이버시가 만들어지고 나면, 나 혼자만 있을 때하는 행동들을 하도
록 시도한다. 이 훈련을 위해서 배우는 사전에 여러 주 동안, 자신이 혼자
있을 때 어떤 행동들을 하는지 관찰해야 한다. 얼마나 솔직한 관찰을 하
였느냐가 훈련의 성패를 좌우하는 선행조건이 된다. 이 행동(사고행위를
포함해서)들은 다른 사람이 있을 때는 절대 하지 않는 행동이어야 한다.
그리고 그 행동은 각 개인마다 다르다. 같은 행동도 어떤 사람은 사람들
앞에서 스스럼없이 할 수 있지만, 다른 이는 그러지 못한다. 남 앞에서는
하지 않는 행동을 난생 처음 하려는 만큼, 배우의 용기와 의지 없이 훈련

의 진행은 불가능하다. 훈련의 중반부터는 전신감각이나 개인 사물들이 추가된다. 훈련이 끝나면, 교육자는 반드시 배우와 일대일로 훈련 도중에 배우가 어떤 경험을 했는지 대화해야 한다. 진정으로 혼자만의 시간을 보냈을 때와 그렇지 않을 때, 배우와 교육자 사이의 대화는 달라진다.

감각훈련 26: 나 혼자만의 시간

감각훈련 27: 나 혼자만의 시간 + 전신감각

감각훈련 28: 나 혼자만의 시간 + 개인 사물

감각훈련 29: 나 혼자만의 시간 + 전신감각 + 개인사물

5.

감각훈련에 기초한 상상력훈련

감각훈련을 통해 진실/리얼리티를 창조하고 경험/재경험할 수 있는 능력이 배양되고 나면, 본격적으로 감각훈련을 바탕으로 한 상상력훈련에 돌입한다. 감각훈련에 기초한 만큼, 감각훈련에 적용되는 모든 원칙들은 그대로 적용된다. 즉, 모든 훈련은 감각의 경험에서 시작해서 상상의 영역으로 깊숙이 옮겨가는 것이다. 그리고 훈련을 위한 대사나 노래를 준비해서, 자신의 경험을 표현하는 수단으로 삼는다. 상상력훈련의 대부분은, 직접적으로 의도하지는 않더라도, 인물을 창조하고 인물로서 살아가는 훈련이 된다. 즉, 본격적으로 희곡 작품 속의 인물로서 살 수 있기 위한 예비단계의 훈련인 것이다.

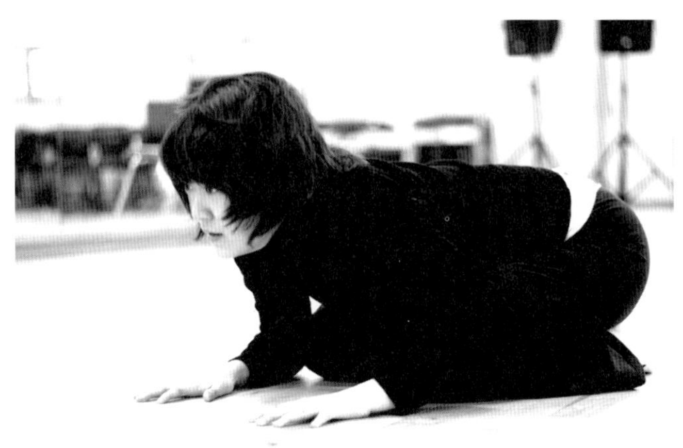

상상력훈련 중인 배우

상상력훈련은 감각훈련과는 달리, 이야기를 읽고 조사하고 필요한 관찰을 하는 등의 사전 준비가 필요하다. 상상력의 재료를 구체적이고 풍부하게 준비할수록 상상력이 나래를 펼 여지는 그만큼 더 넓어지고 커지기 마련인 것이다.

각각의 훈련은 필요한 만큼 반복될 수 있다. 가령 동화를 이용한 훈련은 배우 자신이 좋아하는 동화가 여럿일 경우, 동화를 바꾸어 가며 몇 치례 시도해보는 깃이 바람직하다.

여기에 제시된 훈련들은 리 스트라스버그에 의한 것이 아니라, 필자의 훈련과 교육 경험으로부터 정립된 것이다.

상상력훈련 1: 동화 속의 인물
동화는 어린 아이로서 감수성이 완전히 열려 있을 때 우리가 마음껏 상상하며 경험했던 이야기이기 때문에, 잃어버린 또는 억압된 감수성을 회복하는데 더할 나위 없이 좋은 자극과 재료가 된다. 어떤 이야기든 자신이 어려서부터 좋아했던 이야기를 선택하면 된다. 요정, 흡혈귀, 마녀, 신, 전사, 귀신, 괴물, 야수 등 무슨 인물이든 가능하다. 그것이 이 훈련이 가지는 매력이다. 중요한 것은 막연한 상상이 아니라, 자신의 관심을 끄는 인물을 선택하고 그 인물에 관한 모든 면을 숙지한 다음, 그를 바탕으로 상상하고 **감각적으로 경험하려고** 하는 것이다. 그렇지 않은 이상, 동화 속의 인물들을 살아있는 존재로 창조하기 어렵다. 인물과 관련된 이야기를 읽고, 그림이나 삽화가 있는 경우에는 참고한다. 그러나 그림이나 삽화도 다른 사람의 상상력으로 태어난 결과일 뿐이다. 그것을 활용할 수도 있고 거부할 수도 있다. 자신의 선택이다.

상상력훈련 2: 전설 속의 인물

동화를 이용한 훈련방법과 동일하다. 자신이 잘 알고 있는 전설을 다시 읽고, 전설 속의 한 인물이 되어 감각의 경험에서 시작해서 그 인물이 하는 경험을 몸소 경험해본다.

상상력훈련 3: 신화 속의 인물

앞서의 훈련과 동일한 훈련방법에 의한다. 한 가지 다른 점은 신화 속의 인물들은 일상적 인물들과는 다른 크기와 에너지를 가지고 있다는 것이다. 어떻게 하면, 신화 속 인물로서 그 인물이 가지는 크나큰 에너지를 내 안에 창조하고 그를 발산할 수 있을지 고심해본다.

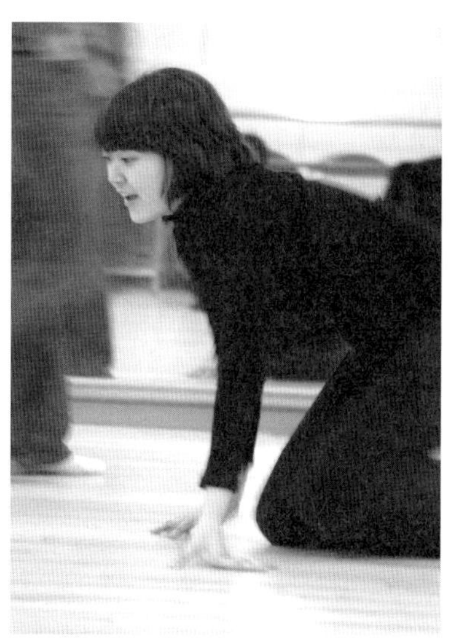

신화 속 인물 훈련 중인 배우

상상력훈련 4: 역사적 인물

평소 자신이 흠모했거나 관심을 가졌던 인물이라면 더욱 좋겠다. 역사적 사건의 한 가운데 위치했던 인물의 삶을 경험해보는 훈련이다.

상상력훈련 5: 종교적 인물

종교의 경전에 나오는 인물도 좋고, 종교를 실천하는 인물도 좋겠다. 인물의 이야기를 읽고, 관심이 가는 대목을 자신의 몸과 마음으로 경험해보는 훈련이다.

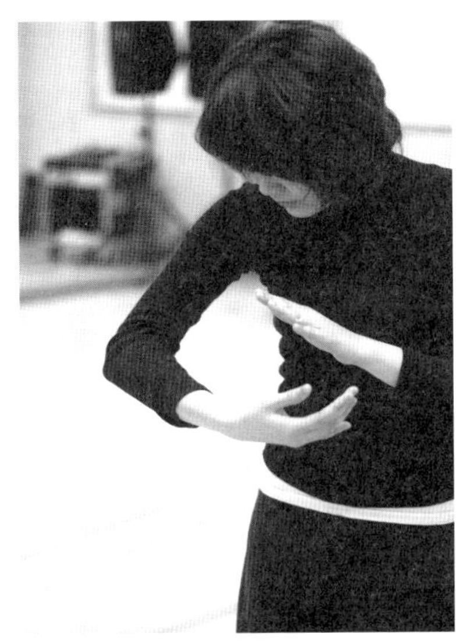

종교적 인물 훈련 중인 배우

상상력훈련 6: 만화 속의 인물

만화는 동화처럼 유아적 감수성과 상상력이 풍부한 훈련의 재료이다. 인물의 특성이 극대화되어 있는 만큼, 강렬한 경험을 하기에 적합하지만, 인물이 2차원적으로 머무를 위험성을 안고 있기도 하다. 만화를 바탕으로 하기는 하지만, 인물을 최대한 살아있는 3차원적 인물로 살려서 경험하려고 한다. 만화가 가지는 빠른 템포나 경쾌함에도 주목해서, 자신이 가진 습관적 템포에서 벗어나려고 노력한다.

상상력훈련 7: 소설 속의 인물

소설은 현대인들이 가장 좋아하는 이야기이다. 자신이 감명 깊게 읽은 소

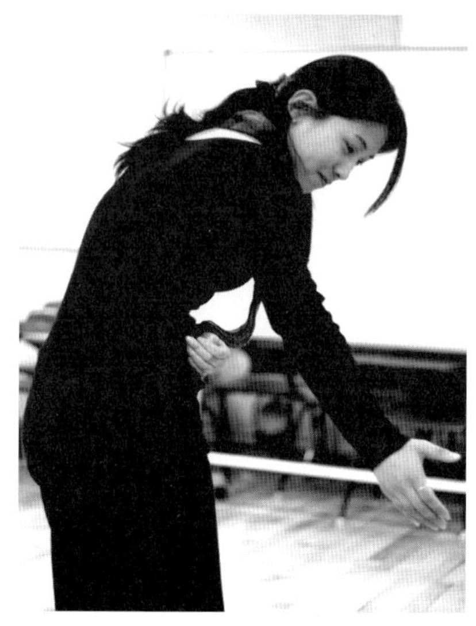

범죄훈련 중인 배우

설 속 인물이 되어 그 인물의 삶을 살아보려고 한다.

상상력훈련 8: 범죄

법적으로 범죄로 규정된 행동을 범죄의 동기, 범죄의 대상, 범죄의 실행, 사후처리 등에 초점을 맞추어 경험해 보는 훈련이다.

상상력훈련 9: 마음의 죄

자신의 관점과 기준에서 절대 마음에 품지 말아야 하는 생각을 품는 훈련이다. 금기의 생각을 실제로 생각하는 것에 주력하고, 그를 소리로 표현하는데 역점을 둔다.

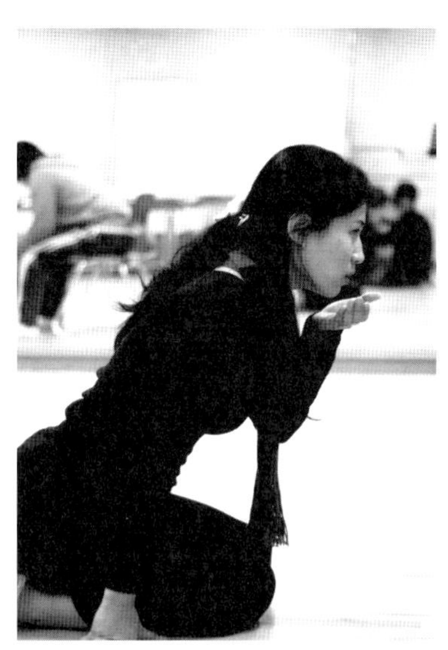

치명적 유혹을 가진 인물훈련 중인 배우

상상력훈련 10: 치명적 유혹을 가진 인물/존재

치명적인 아름다움이나 카리스마를 가진 인물이나 존재를 선택해 그 인물이 가지는 아름다움과 카리스마를 내 몸으로 가져오는 훈련이다.

상상력훈련 11: 공포의 대상

자신이 공포를 느끼는 대상을 선택해 그 대상이 직접 되어 보는 훈련이다.

상상력훈련 12: 성적 환타지

자신이 가진 성적 환타지를 몸으로 경험해 보는 훈련이다. 우리나라 배우들에게 성적인 경험이나 표현은 가장 어려워하는 훈련이다. 하지만 성 역시 인간 경험의 근원을 차지하는 만큼 연기의 중대한 영역이다.

상상력훈련 13: 내가 갖고 싶은 한 가지 능력/초능력
내가 가지지 못한 한 가지 능력이나 초능력을 갖게 된다면, 무엇을 하고
싶은가? 그런 능력이 생겼다고 상상하고 하고 싶은 것을 마음껏 해본다.

상상력훈련 14: 내가 해보고 싶었지만 못 해본 일
내가 살아오면서 해보고 싶었지만, 이런 저런 이유에서 엄두를 내지 못했
던 일을 경험해보는 훈련이다.

상상력훈련 13: 나에게 일어날 수 있는 가장 가혹한 일
지금 나에게 일어난다면 가장 가혹한 운명이 될만한 일이 지금 나에게 일
어난다고 상상하고, 그 일을 경험해본다.

상상력훈련 14: 이상한 나라의 나
<이상한 나라의 앨리스>처럼, 나만의 이상한 나라에 와있다고 상상하고,
그곳에서의 경험들을 해나간다.

상상력훈련 15: 빛과 소리가 없는 세상 (헬렌 켈러 이야기)
헬렌 켈러처럼 시각/청각이 차단된 상태에서 삶을 살아간다는 것이 어떤
것인지 경험해본다.

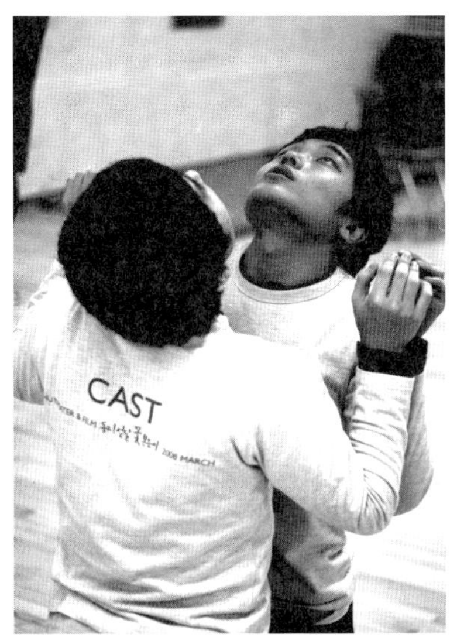

변신훈련 중인 배우

상상력훈련 16: 변신

카프카의 <변신>에서처럼, 아침에 자고 일어났더니, 내 몸이 다른 무언가
로 바뀌었다고 상상하고, 바뀐 몸으로 삶을 경험해본다.

상상력훈련 17: 천당

나만의 천당에 와있다고 상상하고, 천당에서의 생활을 해본다.

상상력훈련 18: 지옥

나만의 지옥에 와있다고 상상하고, 지옥에서의 생활을 체험한다.

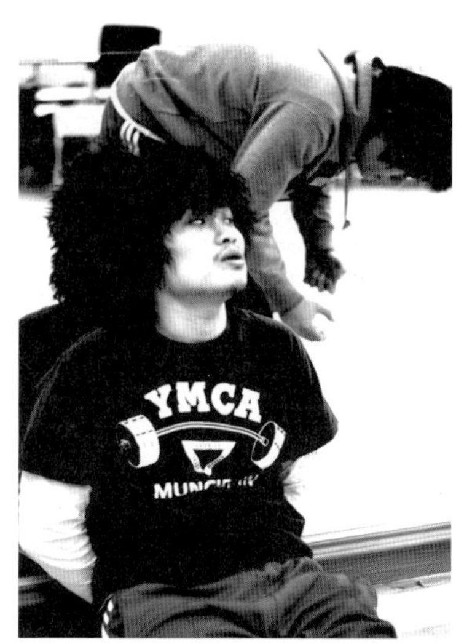
전쟁 체험 중인 배우들

상상력훈련 19: 나의 이상향/파라다이스

내가 꿈꾸는 이상향이나 파라다이스에 와 있다고 상상하고, 그곳에서의 삶을 체험해본다.

상상력훈련 20: 전쟁의 체험

어떤 경험이 됐든, 전쟁 중에 살아가는 사람의 경험을 몸소 경험해본다.

상상력훈련 21: 바보들의 천국

온 세상이 바보들로만 가득한 곳에 와있다고 상상하고, 나도 바보가 되어 살아본다.

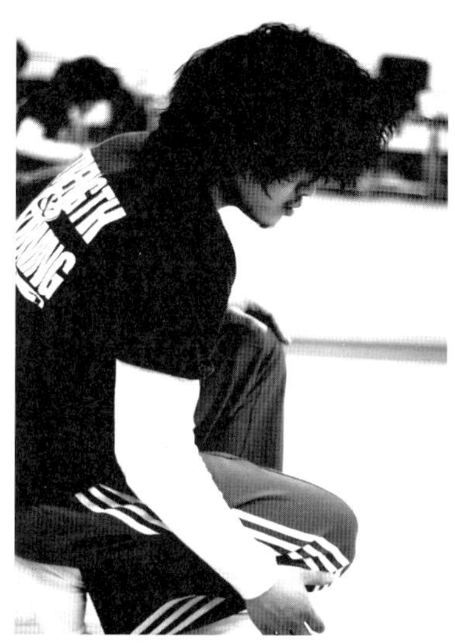

무인도훈련 중인 배우

상상력훈련 22: 성전환

내가 가진 성이 바뀌었다고 상상하고, 그 성으로서 살아가는 경험을 해본다.

상상력훈련 23: 무인도

무인도에 혼자 남겨졌다고 상상하고 살아남으려고 한다.

상상력훈련 24: 지하 세계

지하세계가 존재해서 그곳에 와있다고 상상해본다.

상상력훈련 25: 벌레들의 세상

온 세상이 벌레들로 뒤덮여 있고 그곳에 홀로 던져졌다고 상상한다.

상상력훈련 26: 감옥

죄를 짓고 감옥에 들어왔다. 감옥생활을 경험해본다.

상상력훈련 27: 동성만 있는 세상

세상에 자신과 동성인 사람들만 존재한다고 상상하고, 그 속에서의 삶을
경험해본다.

상상력훈련 28: 이성만 있는 세상

세상에 자신과 이성인 사람들만 존재한다고 상상하고, 그 속에서의 삶을
경험해본다.

상상력훈련 29: 쓰레기로 뒤덮힌 세상

세상에 온통 쓰레기밖에는 없다. 그 속에서 살아남으려고 한다.

상상력훈련 30: 훔쳐보기

자신이 훔쳐보고 싶은 것을 훔쳐보는 훈련이다.

이상에서의 감각훈련과 상상력훈련을 충실하게 거친 배우라면, 언제 어느
작품에서 어떤 인물을 연기하든, 그 인물로서 살면서 진실하고 완전한 경

험을 할 수 있게 될 것이다. 이 훈련의 과정들을 하나하나 거치면서, 자신
이 알지도 못하는 사이에 표현을 방해하는 정신적/심리적/육체적 요인들이
제거되고, 연기의 핵심적 요소인, 긴장이완, 집중과 몰입, 상상력, 사고력,
관찰력, 감각적/정서적 진실과 구체성 등이 획기적으로 발전하였기 때문이
다. 훈련전과 훈련후의 자신의 모습을 비교해본다면, 누구나 피부로 느낄
수 있을 만큼 성장한 자신을 발견할 것이다.

6.

연기의 정의

연기가 무엇인가에 대한 논의와 논란은 연극의 역사만큼 오래된 것이다. 연기에 대한 정의는 연극에 대한 정의와 맞물려 있는 것이기도 하다. 따라서 연극의 정의가 달라지면, 연기의 정의도 달라질 수밖에 없는 것이다.

> 배우 자신이 극 속의 인물이 되어, 극이 부여하는 가상의 상황들 속에서 리얼리티를 창조하는 것

연기에 대한 위의 정의는 스타니슬라프스키, 리 스트라스버그, 샌포드 마이즈너, 스텔라 애들러가 세운 메소드연기 원칙들의 근간이 되고 있

다. 그러나 정의가 간략하면 할수록, 쉽게 이해될 가능성만큼이나 막연하게 이해될 위험도 커진다. 여기에서는 위의 정의가 정말로 의미하는 바가 무엇인지 살펴보고자 한다.

배우 자신이 극 속의 인물이 되어

가장 중요한 부분인 만큼 가장 오해와 논란을 계속 낳고 있는 구절이다. 스타니슬라프스키는 "magic if"를 주창하면서, 배우가 섣불리 연기하는 인물이 되려고 하지말고, 우선 극이 부여하는 상황 속에서 배우 자신이 하듯이 **행동해야 한다**고 믿었다. 그의 믿음은 배우가 인물이 되는 것이 아니라 인물을 배우로 만든다는 비판에 직면하게 되지만, 당시로서는 피상적이고 인위적인 연기가 지배하던 실정에서, 배우 자신의 구체적인 진실을 연기의 근본 모태로 삼은 스타니슬라프스키의 예술적 비전은 연기에 있어 일대 패러다임의 전환을 가져온 혁신적인 발상이었다. 자신의 몸과 마음이 유일한 예술창작의 도구인 배우에게 과연 다른 사람의 마음을 가져오는 것이 가능한가에 대한 의문이 대두된다. 즉, 배우는 정말로 다른 사람이 생각하고 느끼는 대로, 그대로 생각하고 느낄 수 있는 것인가? 설령 그것이 가능하다고 하여도, 어떤 훈련과정을 거쳐 그와 같은 단계에 도달할 수 있는가? 그것은 바로 배우 자신의 삶, 자신 안에 죽지 않고 살아있는 자신의 경험(즉, 오감의 기억과 정서적 기억), 그 경험의 역사를 통해 쌓여온 심리적 성향과 태도, 사고의 형성, 정서의 깊이, 감정적 질곡을 인물의 영혼 속에 불어넣으려는 노력을 통해서만 가능한 것이다. 자신의 마음이 이해하고 공명하지 못 하는 것을 연기할 수 있는 배우는 없기 때문이

다. 삶은, 그리고 삶이 가진 생명력은 배우의 상상력에서 나오는 것이
아니라, 배우 자신의 개인적 경험의 역사에서 나온다. 이 경험의 역사가
인물의 삶에 녹아들어, 배우 자신과 인물이 혼연일체가 되는 상태를 메소
드연기는 지향한다.

극이 부여하는 가상의 상황들 속에서

극이 부여하는 상황들은 가상의 상황이고, 무대 위에 설치된 모든 장치와
의상, 소품, 빛, 소리 역시 실제가 아니다. 이와 같은 가상의 환경들은 배
우에 의해 생명을 얻고 극적 의미를 가지게 된다. 생명이 없는 가상의 상
황과 물체에 생명을 불어넣어 그것을 살아 있는 환경으로 전환시키지 않
는 한, 리얼리티는 생겨날 수 없다. 환경 자체가 리얼리티가 되지 않는 한,
그 환경 속에서 일어나는 어떤 것도 리얼리티가 될 수 없다. 그렇다면, 생
명을 불어넣는 것 자체는 어떻게 가능한 것인가? 배우가 창조하는 리얼리
티는 극 자체나 극적 환경을 곧이곧대로 받아들인 결과로 만들어지는 것
이 아니다. 살인자를 연기하는 배우가 리얼리티를 창조하기 위해 실제 살
인을 저지를 필요가 없는 것과 마찬가지이다.

생명을 가진 모든 것은 '역사'를 가지고 있다. 즉, 지금 한 순간만
살아있는 것이 아니라, 지금까지 살아온 **경험의 역사**가 깊이 배어 있다.
이와 같은 경험의 역사를 통해 축적된 정서적, 심리적, 정신적 의미가 대
상과 결부되지 않고서는 생명의 기운을 느낄 수가 없다. 생명력은 배우
자신의 살아있는 경험을 가상의 상황들 속으로 불러오고 이를 모든 가상
의 환경에 투영함으로써 생겨나는 것이다. 이렇게 가상의 상황이 생명을

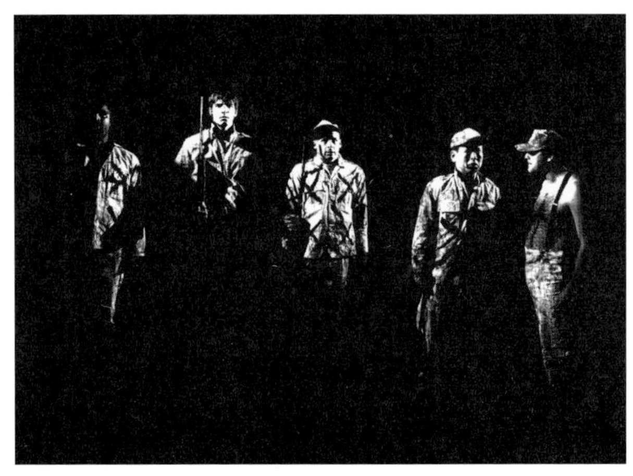

〈오장군의 발톱〉 뉴욕 체리 레인극장

가진 상황으로 전환되면서, 배우는 자연스럽게 리얼리티를 창조하게 되는
것이다. 상대배우로부터 전해오는 모든 것이 리얼하면, 나의 연기는 그만
큼 쉬워진다. 왜냐하면, 상대배우가 창조한 리얼리티에 반응하는 것만으로
도 리얼리티를 창조할 수 있기 때문이다. 간단한 예를 들어보자. 배우는
극이 요구하는 특정 감정을 유발하기 위해 감각훈련 중 '장소' 훈련법을
채택해서 자신에게 구체적인 장소를 오감의 기억을 통해 창조할 수 있다.
배우가 인불이 외로움과 슬픔을 느끼고 있다고 선택한다면, 배우는 자신의
삶의 경험으로부터 이런 감정을 느꼈던 장소를 오감의 기억을 통해 무대
로 불러옴으로써(이때 그 장소는 배우의 자신의 눈에만 보이는 리얼리티
가 된다) 목표한 감정이 **유발**되게 할 수 있다는 것이다. 이와 같이 가장
의 상황 속에서 리얼리티를 창조함으로써, 장면이 가지는 정서적 삶이 배
우에게 리얼해지고, 따라서 관객에게 리얼해짐으로써, 장면이 완성되는 것

이다.

리얼리티를 창조하는 것

어떻게 해야하는 것인가? 어떻게 배우는 어떤 사람, 물건, 장소, 시간 등을 창조하여 그것을 리얼하게 만들 수 있는가? 상상하면 되는 것인가? 상상이 리얼리티를 만들어 내는가? 우리가 상상하는 것들이 리얼한가? 상상력이 가진 힘은 정말로 위대하지만, 배우가 가진 상상력이라는 것이 천차만별인 상황에서, 상상만으로 리얼리티가 만들어진다고 단정하기는 어렵다. 배우훈련 단계에서 만나는 배우들의 상상력은 십중팔구는 막연한 가정에 지나지 않기 때문이다.

리얼리티를 창조하기 위해서는 경험에 대한 믿음을 가져야 한다. 왜냐하면 리얼리티라는 것은 결국 우리가 믿는 것이기 때문이다. 하나님을 믿는다면 그 사람에게 하나님은 리얼한 존재이고, 부처님을 믿는 자에겐 부처님이 리얼한 존재이다. 그렇다면 극에 등장하는 모든 요소들이 배우 자신의 진짜 삶이 아닌 상황에서, 어떻게 배우는 리얼하지 않은 어떤 것을 정말로 믿을 수 있는가? 배우는 그것을 창조함으로써 그것이 리얼해지게 한다. 창조는 머리속으로 생각만 함으로써, 또는 상상함으로써 이루어지는 것이 아니라, 배우가 **경험**함으로써 가능해지는 것이다. 경험은 어떻게 하는 것인가? 우리의 오감을 통해서 하는 것이다. 우리가 무언가를 경험할 수 있다면, 우리는 그것을 믿게 되고, 따라서 그것은 리얼할 것이 된다.

이런 의미에서 리얼한 것은 사실적인 것과는 확연히 구분되는 것이다. 우리가 꿈속에서 하는 경험은, 다른 사람들은 몰라주거나 믿지 않을지 모르지만, 자신이 선명하게 하는 경험이고, 따라서 우리는 그 경험을 믿으며, 따라서 우리에게 리얼해지는 것이다. 이것이 '오감의 기억과 감각훈련'의 토대가 되는 것이다. 예를 들어, 배우가 오감의 기억을 이용해 전신에 추위를 창조하고, 그 결과 배우는 추위를 경험하게 된다. 관객은 배우가 추위를 타는 것을 보고, 배우가 춥다는 것을 믿게 된다. 보다 중요하게는 배우가 자신이 춥다는 것을 믿게 되는 것이다. 배우는 추위를 '연기'하는 것이 아니라, 정말로 추위를 경험하게 되는 것이다. 이렇게 배우는 리얼리티를 창조하는 것이다.

7.

연기의 시작

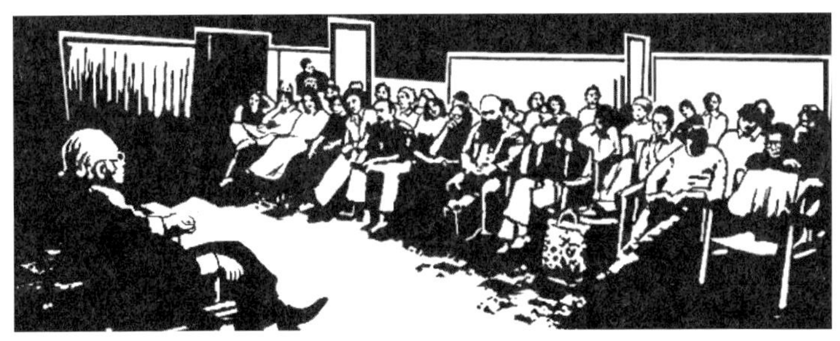

대본이나 악보를 받아들고 연기를 시작하기 전에, 우리는 먼저 대본을 분석해야 한다. 대본을 분석한다는 것은 진정 무엇을 뜻하는 것일까? 왜 분석과 해석이 필요한 것인가? 그것은 대본과 악보는 소리를 문자화/기호화해놓은 것에 불과하기 때문이다. 대사란 소리가 음절화되어 동등한 문자로 적혀있는 것을 말한다. 문자는 그 소리가 발생될 때 가지는 크기, 빠르기, 음높이, 호흡량, 색채 등의 차이에 전혀 무감하다. 악보의 경우에는 음표의 길이나, 음 높이, 박자 등을 통해 제한적으로 각 소리의 차이를 표시하고 있기는 하지만, 여전히 왜 특정 소리가 특정 음정과 길이를 차지하는

지에 대한 설명은 없다. 어떻게 보면, 문자나 음표를 통해 그것을 설명하는 것 자체가 애초에 불가능하기 때문일 것이다. 조금 더 근원적으로 들어가면, 태초에 특정 소리가 왜 만들어지고 발설되어야 하는지에 대해, 대본과 악보는 묵묵부답일 수밖에 없다. 다시 말해, 소리란 태초에 만들어질/발설될 필요가 없었다면, 만들어지지/발설되지 않았을 것이다. 소리를 내야만 하는 근원적 원인이 생겼기 때문에 소리가 만들어지고 그 소리는 그 근원적 원인을 담아 표현하고 있는 것이다. 소리와 마찬가지로, 몸짓이나 행동도 같은 원리로부터 발생하는 것이다. 그런 관점에서 연기는 호흡과 발성, 몸짓과 움직임과 행동과 불가분의 관계에 있다. 배우훈련 과정을 세분화할 필요해 의해 수업이 분리되어 있기는 하지만, 연기, 호흡/발성, 몸짓/움직임/행동은 서로 유기적으로 하나로 연결되어야 한다.

대본에 쓰여진 대사와 악보에 적힌 가사와 음악이 '결과물'이라 함은 그것을 만들어낸 '원인물'이 존재하고 특정 과정을 거쳐서 최종적으로 생성된 것을 의미한다. 이는 다시 말해, 배우가 결과물인 대사와 노래를 제대로 말할 수 있기 위해서는, 즉 연기를 제대로 하기 위해서는, 그 대사와 노래를 낳은 원인을 역추적해 그 원인을 배우 자신 안에 만들어 놓고 재경험할 수 있이야 힌다는 깃을 의미힌다. 원인과 과정을 생략한 채 결과물만을 다듬으려고 한다면, 그것은 기계적인 연기 방법이다. 기계적인 방법으로는 대사와 노래가 가지는 숨과 결, 색채, 음영을 온전하게 만들어 낼 수 없고, 그것이 수반하는 몸짓과 움직임, 행동을 유발할 수 없다.

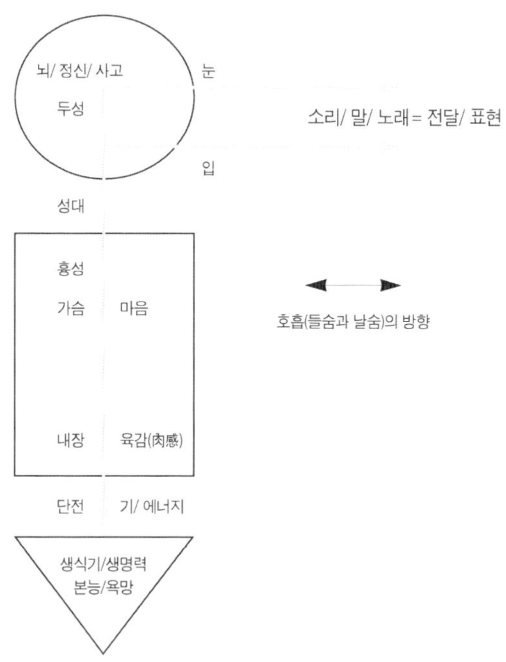

소리는 인간이 가지는 의사소통의 욕구에서 비롯된다. 의사소통의 욕구는 어떻게 만들어지는 것인가? 사람이 삶 속에서 경험하며 살아가면서 자신의 내부와 외부가 끊임없이 상호작용하면서 만들어진다고 볼 수 있다. 욕구의 발생 경로를 살펴보면, 사람을 움직이는 힘은 에너지의 근원이 되는 단전이 생식기/내장, 가슴, 뇌를 세 축을 호흡(들숨과 날숨)으로 연결하여 발생한다. 앞 도표는 대사와 노래가 어떤 경로를 통해 만들어져

최종적으로 문자화되는가를 보여주고 있다.

　　의사소통의 욕구는 감각기관의 인식과 호흡(들숨)을 통해 외부로부터의 기운을 내 몸 안에 받아들이면, 호흡이 뇌, 가슴, 생식기/내장을 차례로 거쳐 가며 생각/느낌/충동을 발생시키고 그것이 의사소통의 욕구를 발생시킨다. 이 욕구는 다시 날숨을 통해 생식기/내장, 가슴, 뇌를 다시 거치면서 성대의 울림을 통해 소리로 만들어지고 발성기관 주변의 울림통을 통해 확대/공명되어 입 밖으로 내뱉어지는 것이다. 이 모든 과정을 단전이 관장하고 있다고 할 수 있다. 복부가 호흡기관이 아님에도 불구하고 흔히 "복식호흡/단전호흡"이라고 일컫는 호흡을 해야 하는 이유가 바로 여기에 있는 것이다. 폐가 팽창하면서 공기가 흡입되고 이에 따라 횡경막이 아래로 내려가면서 내장을 밀쳐낸다. 즉, 호흡에 오장육부 내장의 움직임이 결부되게 한다. 그것은 무엇을 의미하는 것일까? 영어로 viceral/gut feeling으로 일컬어지는 육감(肉感)이 호흡과 결부되면서 제 6의 감각이라 할 수 있는 육감(六感)을 가능케 한다. 연기의 깊이는 바로 이 두 육감의 존재여부에서 결정난다고 할 수 있다.

　　대사와 노래를 머리로만 분석해서 말하려고 한다면, 이와 같은 과정을 기치면서 소리에 담겨아힐 모든 갓-본능, 욕망, 충동, 육감, 마음, 기분, 태도, 사고, 심리 등-이 생략되어 공허하고 인위적인 소리로 만들어지기 십상일 수밖에 없는 것이다.

　　그렇다면 대사와 노래에 담겨있는 심리, 기분, 태도, 의식, 무의식 등을 우리는 어떻게 소리에 담을 수 있는가? 이미 정서적 기억을 이야기하면서 언급한 것처럼, 연기를 살아있는 인간의 경험에 바탕을 두고 시작함으로써, 배우 자신만의 역사와 경험과 심리를 대사 속에 담으려고 노력하면서, 우리는 비로소 진실한 소리를 낼 수 있는 능력을 배양할 수 있게 되는 것이다. 배우 자신의 구체적이고 진실한 경험이야말로 살아 있는 완전한 경험이고, 그 속에는 앞서 지적한 모든 인간 경험의 요인들이 그 자체로 완전한 형태와 비율로 담겨 있기 때문이다.

이 시점에서, 의사소통의 욕구와 소통과 관련해 가장 중요한 요인을 언급해야할 것 같다. 그것은 바로 대상이다. 혼잣말이 아닌 다음에야, 인간이 내는 소리와 말은 그것이 도달하고자 하는 대상이 있다. 그리고 그 대상은 대개 사회적 관계 속에 놓여 있다. 같은 말도 자신과 대상이 어떤 관계에 있나에 따라 다르게 나온다. 따라서 연기는, 독백이든 장면이든, 말할 대상을 설정하면서 시작된다. 장면의 경우에는 파트너가 있지만, 파트너가 배우 자신에게 구체적인 사회적 관계 속의 인물로 다가오지 않는다면–배우 훈련의 초기에는 아무런 설정 없이 파트너가 자신에게 구체적인 존재로 다가오기 어렵다–대입(substitution)을 통해 파트너를 자신에게 구체적인 대상으로 설정하여야 한다. 대상이 구체적이어야 의사소통의 욕구와 내용, 목적 등이 분명해지기 때문이다. 또한, 대상과의 관계라는 것은 한순간만에 형성된 것이 아니라, 나름대로의 역사를 가지고 있고, 그 역사의 과정에서 축적된 정서적/심리적 태도가 내재되어 있기 때문이다. 가장 쉬운 예로, "엄마", "어머니"라는 소리는 어머니 배 속에서부터 시작된 긴 시간 동안의 경험이 뒷받침되지 않는다면, 절대로 제대로 나올 수 없는 소리이다.

대상 정하기

말하고자 하는 대상을 정하고, 그 대상을 오감의 기억을 통해 자신의 앞에 창조한다. 천천히 시간을 가지고 대상을 보고 듣고 냄새를 맡고 손으로 만져보며 경험한다.

대상이 선명하게 내 앞에 창조되고 나면, 그 대상과의 역사 속으로 들어가, 특정 장소, 특정 시간, 특정 상황 속에서 그 대상에게 말했던, 또는 말하고 싶었던 바를 대사 속에 담아 말해본다.

대상을 창조하는 능력을 길러주는 훈련법

1. 눈을 감고 천천히 진흙으로 조각상을 만든다는 느낌으로 대상을 두 손으로 빚어 나간다. 중요한 것은 빠뜨리는 부위 없이 신체를 온전하게 다 빚어내야 한다. 자신이 실제로 만져본 적이 없는 부위는 시각적 기억과 상상력에 의존한다.

2. 대상을 다 빚고 나면, 천천히 눈을 떠서 대상을 바라본다. 마치 눈에서 물감이 나가는 것처럼, 색감이 입혀지도록 한다. 옷이 입혀진 부위는 옷의 질, 결, 색감을 한꺼번에 입혀나간다. 그렇게 색감이 입혀신 부위는 생녕을 얻게 되어 살아 움직이게 된다고 상상한다. 화룡점정처럼 대상의 눈은 제일 마지막에 살아나게 한다.

3. 대상이 선명하게 자신의 눈앞에서 살아 숨 쉬게 되면, 대상의 눈을 들여다보면서, 대상에서 무엇이든 하고 싶은 말을 떠올려 본다. 그 마음을 대사나 노래에 담아 대상의 눈에서 시선을 떼지

않고 찬찬히 말해 본다.

구체화하기

많은 배우들은 대본을 받아들고 상상하는 것만으로 연기를 시작하려는 성향이 있다. 그러나 상상력이 작용하기에 앞서, 대본에 나와 있는 모든 상황, 여건, 인물의 행동, 인물의 말을 자기 자신에게 구체적인 것으로 설정하여야 한다. 막연한 설정에서는 막연한 행동과 말이 나올 수밖에 없다. 그것이 상상력이 가진 맹점이다. 그러나 자신에게 구체적인 경험을 바탕으로 상상력이 작용하게 하면, 그 상상력은 연기를 정말로 자신과 인물이 하나가 되는 경지로 승화시킬 것이다.

인물이 하고 있는 경험을 정확하게 파악하고, 그 경험에 준하는 경험을 자신의 경험과 역사로부터 이끌어낸다. 가령, 인물이 어떤 말을 듣고 크게 화를 내고 있을 때, 배우 자신이 그 말을 듣고 그 만큼의 화를 낼 수 없다면, 그 말을 들을 때 배우 자신을 가장 화나게 하는 말로 들어야 한다. 그렇지 않다면, 그냥 화는 '척' 하는 것에 그치기 쉽다.

대본이 설정하는 연기의 공간과 같은 경우, 대본이 정해주는 대로 수동적인 자세에 머물지 말고, 적극적으로 오감의 경험과 관련해 자신에게 구체적인 설정을 하여야 한다. 가령, 무대가 거실이라면, 비록 전반적인 가구의 배치 등이 다를 수는 있겠지만, 벽, 바닥, 가구 하나하나에 자신만이 색깔, 질감, 냄새 등을 입힐 수 있다. 그렇게 자신에게 구체적인, 역사를 가진 공간으로 설정해 주어야, 그 속에서 자신이 살아 움직일 수 있고, 구체적인 행동을 할 수 있다.

8.

인물의 창조

살아있는 인물을 창조한다는 것은 영혼과 육신을 가진 생명체를 탄생시키는 것이다. 배우는 자신의 몸과 마음으로 인물을 빚어내어야 한다.

인물 내면의 창조

인물이 살아있다면, 살아 움직이게 하는 발전기, 즉 내면을 가지고 있어야 한다. 따라서 배우에게 있어, 인물의 내면을 창조한다는 것은 살아있는 인간의 마음을 창조하는 일이다. 그것이 도대체 어떻게 가능한가? 가능하긴 한 것인가? 설령 神이라 할지라도, 인간의 마음을 좌지우지할 수 있는가?

살아있는 인간의 마음은 변화무쌍한, 무정형의, 실체를 가지지 않은 실체이다. 기계적인 방법으로 인간의 마음을 조각한다는 것은 애초부터 불가능한 일이다. 그런 시도 자체가 진실하지 않은, 인위적인, 다시 말해 지극히 연기적인 연기를 낳게 할 공산이 크다. 인간의 마음은 생식기, 심장, 두뇌를 세 축으로 해서, 오감의 경험을 통한 주변 세계와의 인식, 그 인식이 축적된 기억 등이 서로 충돌하고 교차하고 공명하면서 느낌과 사고를 불러일으키고 감정을 유발하는 가운데 **항시 움직인다.** 즉, 인간의 마음은 몸과 불가분에 관계에 있는 것이다. 그런 관점으로부터, 우리는 자신의 몸과 마음을 통해 인물을 연기해야하는 배우가 어떤 길을 가야할 것인가에 관한 단서를 조심스럽게 찾아볼 수 있다.

사실, 앞선 모든 긴장 이완 및 감각훈련이 자신의 몸과 마음이 유일한 예술창작의 재료인 배우에게 살아 움직이는 마음을 창조할 수 있는 길을 열어주기 위한 예비적 과정이다. 즉, 배우가 살아 움직이는 인물의 마음을 창조할 수 있기 위해서는, 자기 자신부터 가상의 자극과 가상현실인 극 세계 속에서 살아 움직이는 법을 터득해야 하는 것이다. 자신의 감각기관이 가상의 자극에 진짜로 반응하고, 가상의 인물과의 관계에 진실하게 반응하고 교류할 수 있어야 하고, 그 과정에 진짜로 생각하고 느낄 수 있는 능력을 가져야만, 비로소 배우는 자신을 넘어 인물로서 살아 움직일 수 있게 될 가능성을 열게 되는 것이다. 가령, 극 세계 속에서 배신을 당한 인물이 하는 생각을 배우가 실제로 할 수 있으려면, 우선 배우 자신이 배신을 당했을 때 하는 생각을 극 세계 속에서 하지 않고서 불가능한 일이다. 그런 과정 없이 인물로서만 생각한다는 것은 그야말로 연기적인 연기에 지나지 않는다. 배우가 어떤 인물을 연기하든 그 인물이 곧 배우처럼 보여야 하는 것이지, 배우가 남을 연기하고 있다는 느낌이 들어서는 절대 배우가 그 인물이 되었다고 여겨지지 않는 법이다.

그렇게 되면, 극 세계 속에서의 인물의 경험을 모두 자기화시키지 않겠느냐는 비판이 있다. 배우가 인물이 되는 것이 아니라, 인물을 배우에 맞게 짜맞춘다는 비판이다. 그와 같은 비판은 자신의 기억과 경험으로부터 연기를 시작하는 것이 훈련의 '과정'이라는 점을 간과하면서 생겨난 것이다. 배우는 자신의 경험과 기억이라는 구체적인 토대를 발판으로 삼아, 가상의 극 세계 속에서 살아 움직이는 법을 익히게 되고, 그것이 궁극적으로 자신을 넘어 인물로서 살아 움직이게 한다는 전체 구도에 대해 무지한 비판이다. 물론 상상만으로 이 모든 것이 가능한 타고난 배우들이 있긴 하다. 그렇지만 그런 천재들에게는 중간 훈련 과정이 필요 없을 뿐, 그렇다고 그들이 전적으로 남의 마음을 연기하고 있다고 볼 수는 없다. 남의 마음을 정확하게 똑같이 내가 느낀다는 것은 불가능하다. 만약 그것이 가능하다면, 어떤 배우가 인물을 연기하든 그 인물의 내면은 똑같아야 하지 않겠는가. 더구나 인물의 말과 행동을 통해서만 인물의 삶을 알 수 있는 희곡에서 인물이 내면적으로 어떤 경험을 하는지에 대해서는 어떠한 정답도 있을 수 없다. 해석만이 있을 뿐이다. 빙산의 일각에 불과한 인물의 말과 행동을 통해 배우는 인물이 어떤 경험을 매 순간 하고 있는가를 해석하여야 하고, 그 해석된 인물의 경험을 어떻게 자신이 경험할 수 있는지 방법을 모색하여야 하는 것이다. 그것이 곧 진정한 메소드연기인 것이다. 경험은 오감의 경험으로부터 시작되는 것이고, 그것이 내 안에 느낌과 사고를 낳고, 기분을 형성하며, 행동을 하게 하고, 그에 따라 감정이 유발되고, 이 모든 과정 속에서 마음은 저절로 살아 움직이게 되는 것이다.

연기는 인간과 인간사에 대한 공감으로부터 시작되는 것이다. 배반을 당한 사람의 심정을 내가 진정 공감한다면, 비록 내가 내 자신의 경험으로부터 배반을 다시 경험하고 있다고 해도, 그것에는 '진실성' 또는 '진정성'이 있는 것이고, 그와 같은 진실성/진정성이 관객의 마음까지 움직이게 하는 것이다. 배우는 고유한 존재이어야 한다. 나만의 경험과 색채가 없다면, 배우는 다른 배우로 얼마든지 대체될 것이다. 그러나 다시 한 번 생각해 보면, 세상 모든 사람들은 제각각 고유하다. 왜 그런 것일까? 세상 속에서 살아가면서, 자기 자신만의 방식으로 느끼고, 생각하고, 행동하고, 경험하기 때문이다. 고유한 인물을 탄생시킬 수 있는 배우라면, 자기 자신이 가진 고유성을 소중히 하고 그로부터 인물에 혼을 불어넣을 일이다.

리 스트라스버그가 인물의 내면을 창조하기 위해서 정서적 기억을 주창한 것은 바로 그와 같은 이유에서이다. 정서적 기억이라고 하면, 사람들은 감정만을 떠올리지만, 사실 **정서적 기억은 그 안에 느낌, 사고, 기분, 행동 등 모든 것이 집약되어 있는 완전한 그러면서도 진실한 인간 경험이다.** 그리고 무엇보다, 스트라스버그는 감성이란 '유발'되는 것이지, 감정 자체를 끌어내려고 해서는 감정이 생겨나지 않는다는 것을 누구보다 잘 알고 있었다. 느낌이나 사고와 마찬가지로 감정도 무엇인가로부터 유발된 결과물이다. 결과물 자체를 만들려고 하기보다는 감정을 유발하는 원인에 몰입하는 방법을 스트라스버그는 강조하고 찾으려고 하였다. 원인에 충실해 유발된 감정은 살아 움직이는 진짜 감정일 수밖에 없기 때문이다.

그렇기에 배우는 자신이 어떤 자극이나 원인으로부터 어떤 감정이 유발되는지 잘 알아야 하고, 그에 필요한 훈련을 어렵지만 끈기있게 지속해 가야 한다고 판단하였다. 긴장의 이완과 감각훈련을 충실하게 거치면서 배우는 경험의 결정체로서의 정서적 기억을 연기에 도입할 수 있는 위치에 도달하게 된다. 정서적 기억을 포함해 지금 나에게 남아 있는 기억들은 나를 살아 움직이게 하는, 나를 나이게 하는 근본적 토대이다. 기억이 지워져서 자신을 잃어버린 사람들의 이야기를 우리는 소설이나 영화를 통해서 얼마나 무수히 접해 왔는가.

대본에 "엄마", "아버지"라는 대사가 있다고 해보자. 가장 간단한 대사이지만, 이 대사를 제대로 하려면, 어머니, 아버지와 살아온 무수한 세월이 있지 않는 한, 부모님의 피가 내 속에 흐르지 않는 한 제대로 말할 수 없다. 그렇다면, 훈련 과정에서 또는 연습과정에서 상대배우를 내 자신의 부모라 여기고 "엄마", "아버지"로 불러보는 연습 없이 어떻게 진실된 마음을 배우가 자신 안에 창조할 수 있겠는가?

20세기 연기훈련의 발달과정을 훑어보면, 스타니슬라프스키 이전에 연기란 외적인 것에만 관심을 두는 연기였고, 따라서 과장되고 인위적인 면이 많았다. 그에 반발해 스타니슬라프스키와 그 제자들, 그리고 리 스트라스버그와 액터즈 스튜디오의 메소드연기는 인물의 내면을 중시하는 연기법들이었다. 메소드연기를 잘못 이해한 일부 배우들이 자아도취적인 성향을 띄면서, 많은 비판을 받게 되었고, 내면적 진실이 신체와 행동을 통해 밖으로 표현되는 것의 중요성을 인정하게 되었다. 그 결과 메소드연기 진영은 소위 "안에서 밖을 지향하는(inside out)" 연기를 표방하게 된다.

또한, 밖을 중시하던 연기법들도 메소드연기의 영향으로 "밖에서 안을 지향하는(ouside in)" 연기법으로 탈바꿈하게 된다. 이와 같은 변천과정에서 알 수 있듯이, 인물의 내면과 외면을 서로 불가분의 유기적 관계로 연결시키는 것이 21세기의 연기 흐름이라 할 수 있겠다.

모든 예술과 그 예술을 창작하는 이들에게는 내면과 외면, 꿈과 현실, 상업과 예술, 추상성과 구체성, 미와 추, 남과 여, 전통과 현대, 내용과 형식이 서로를 배척하는 것이 아니라, 상호보완적인 것이어야 한다. 반대를 포용하려는 노력 없이 진정 의미 있는 예술작품의 탄생은 불가능하다고 생각한다. 필자는 그것을 **예술적 균형의 원리**라고 칭하고 싶다. 물론 어설픈 타협을 말하는 것은 아니다. 생명의 탄생에는 산고가 따르기 마련이다. 예술의 제작하는 이들이라면 기꺼이 감수하려고 해야할 그 산고는 진정 어디에서 오는 것인지 깊이 새겨볼 일이다. 생명과 영혼을 가진 인물을 창조해야 하는 배우에게는 그 산고가 더더욱 클 수밖에 없는 것이다. 그것이 배우가 가진 업이다.

인물 외면의 창조

"정확한 모사/모방은 예술적 창삭이 아니다"라는 스타니슬라쁘스키의 말처럼, 인물의 외면을 창조하는 것은 누군가를 흉내 내는 것과는 근본적으로 다른 것이다. 아무리 정확하게 누군가를 흉내낸다고 해도, 그 기술에 감탄할지는 모르지만, 그것을 예술로 칭하지는 않는다. 미술 작품을 생각해보면, 쉽게 이해갈 일이다. 누군가가 어떤 인물이나, 사물, 풍경을 사진으로 찍어놓은 듯 착각들 정도로 사실적으로 그려놓았다면, 사람들은 그 작품을 예술성이 뛰어난 그림으로 생각지는 않을 것이다. 연기란, 인물을 창조한다는 것은, 누군가를 흉내 내는 일이 아니다.

흉내가 아니라면, 배우가 인물을 창조하기 위해, 외적으로 준비해야 하는 것은 무엇인가? 왜 외적인 준비가 필요한 것인가? 연기는 세상을 살아가는 인물들을 자신의 몸과 마음을 통해서 구현하는 예술이다. 그렇다면, 세상을 살아가는 사람들과 그들의 삶에 관심을 갖는 것은 배우가 예술가로서 갖추어야 할 기본 덕목이라고 할 수 있겠다. 배우가 자신이 가진 모든 것을 동원하여 인물을 창조한다고 하여도, 유한한 경험세계 속에서 살아가는 이상, 배우에게도 자신이 알지 못하는 영역이 있게 마련이다. 그럴 경우, 배우는 실제 삶의 현장을 찾아가 그 속에서 살아가는 사람들을 만나야 한다. 삶이 현장에서 사람들이 어떻게 생각하고 느끼고 행동하는지 따뜻한 시선으로 관찰하여야 한다. 그들을 흉내 내기 위해서가 아니라, 그들이 지금껏 살아온 삶의 역사가 그들에게 남겨놓은 정서적/심리적/육체적 성향, 태도, 습관 등을 파악하기 위해서이다. 그리고 특정 상황에서 특정한 행동을 하는 사람들의 동기를 유추하고, 사람들이 인간관계 속에서 서로서로 어떻게 반응하고 대처하는지를 발견하기 위해서이다. 그것을 파악하는 것이 그 인물을 진실하게 연기할 수 있는 토대가 된다. 정신질환을 앓고 있는 인물을 알기 위해 정신병원을 찾고, 건설노동자들의 삶을 이해하기 위해 공사판에 뛰어드는 일은 사람들의 삶을 이야기하고자 하는 예술가라면 누구나 당연히 해야 할 바이다. 자신이 관찰하고 편견 없이 이해한 만큼 배우는 그것을 자신의 몸과 마음으로 가져올 수 있게 되기 때문이다. 그런 과정을 거치지 않은 인물의 외면은 거짓에 다름 아니다.

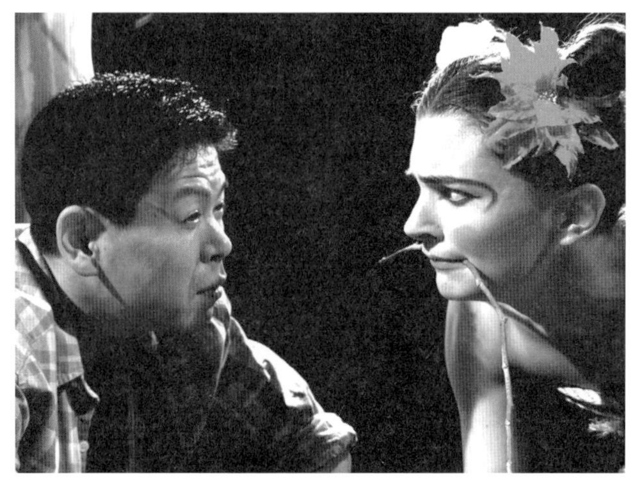

〈오장군의 발톱〉 뉴욕 체리 레인극장

　자신이 관찰한 바를 자신의 몸으로 마음으로 가져오기 위해서는, 배우는 새하얀 도화지처럼 중립적인 심신의 상태를 가질 수 있어야 한다. 이를 위해 배우는 평소 자신의 몸이 습관적으로 움직이지 않도록, 중력에 억눌리지 않도록 끊임없이 자신을 새롭게 하여야 한다. 가령, 걸음걸이를 달리 해, 다른 사람이 걷는 것처럼 걸어보는 것이다. 열 가지, 스무 가지 다른 방식으로 걸을 수 있다면, 배우는 이미 그 만큼 많은 인물을 연기할 수 있는 표현력 있는 몸을 갖게 될 것이다.

인물 창조를 위한 관찰훈련

관찰은 배우가 자신 주변의 세상과 접촉하고 그를 분석하는 수단이다. 접촉은 오감을 통해서 이루어진다. 관찰의 주목적은 앞서도 언급했듯이, 사람들의 심리적/정서적/육체적 성향을 파악하고, 사람들의 행동의 근저에 놓인 동기를 유추하기 위해서이다. 우리 주변 어디에서든 삶이 존재하고, 이것이 관찰의 무한한 보고가 된다. 관찰은 관찰에서 끝나는 것이 아니라, 언젠가 인물을 구축하기 위해 언제든지 꺼내볼 수 있도록 자신 속에 '저장'하여야 한다.

다음의 훈련법들이 효과를 보기 위해서는 예민하고 세밀한 관찰과 상상력이 절대적으로 요구된다. 그리고 외적으로 내 몸을 변화시켰을 때, 내 내면에 어떤 일이 일어나는지에 주목해야 한다. 그래야 단순한 흉내를 넘어 그 인물로서 살 수 있는 능력이 생긴다. 결국 인물이 살아있기 위해서는 생명력을 낳는 내적인 원리 없이는 불가능하기 때문이고, 따라서 한 인물을 움직이는 힘이 무엇인지에 대한 깊은 성찰이 요구된다.

관찰훈련1: 템포와 리듬

다섯 개의 비트로 이루어진 상황(행동/사건)을 세 가지 다른 템포로 표현하기

(예) 지하철역에서 지하철을 기다리고 있는 사람의 행동

1) 지하철이 오는지 선로 쪽을 내다보고는

2) 손목시계로 시간을 확인한다

3) 초조한듯 발을 동동 구르다가

4) 주변의 사람들을 둘러본다

5) 다시 선로를 내다본다.

실생활 속에서 다섯 가지 동작으로 되어 있는 사람들의 행동을 관찰하여, 그 동작 전체를 처음에는 보통 템포로, 다음에는 느린 템포로, 마지막으로 빠른 템포로 해본다.

이번에는 다섯 동작 각각에 다른 템포를 부여해본다. 가령 첫 동작은 보통 템포로, 두 번째는 빠른 템포로, 세 번째는 느린 템포로, 네 번째는 다시 빠른 템포로, 마지막은 다시 보통 템포로 해보는 것과 같은 식이다.

같은 동작이지만, 템포가 달라지면 배우 자신의 내면에 어떤 변화를 일으키는지에 주목하여야 하고, 그 변화가 동작을 행함에 반영되도록 한다.

삶이 있는 곳에는 행동이 있기 마련이다. 행동이 있는 곳에는 움직임이 있다. 움직임이 있는 곳에는 템포가 있다. 그리고 템포가 있는 곳에는 리듬이 있다.

템포란 행동(액션)의 빠르기를 말한다. 템포는 행동을 재촉하기도 하고 늘리기도 하며, 말의 빠르기를 조절한다.

템포와 리듬은 우리의 내면에 영향을 주는 마술적인 힘을 가지고 있다. 리듬의 도움으로 우리는 순수한 흥분의 상태에 놓여질 수 있고 그로부터 정서적인 자극을 얻을 수 있다. 주어진 상황은 템포와 리듬을 자극하고, 템포와 리듬은 주어진 상황에 대한 배우의 생각들에 도전을 던진다.

스타니슬라프스키, <인물구축> 11장 및 12장 발췌

하나의 동물(네발을 걷는 동물)을 세밀히 관찰하고 이를 자신의 몸으로 가져와 표현하기

동물훈련은 메소드연기에 있어서는 가장 중요한 엑서사이즈이다. 동물훈련을 제대로 수행하기 위해서는 예리하고 세밀한 관찰이 훈련의 필수적 요건이 된다. 동물원을 방문하여 관찰하는 것이 가장 좋은 방법이다. 애완동물인 경우에는 자신의 애완동물보다는 타인의 애완동물을 관찰하는 것이 좋다. 동물을 관찰할 때는 다음 항목에 초점을 맞추어 관찰을 진행한다.

1) 무게 중심
2) 머리와 척추의 관계
3) 힘의 균형과 배분
4) 걸음걸이 및 앉는 자세
5) 소리
6) 눈빛
7) 코와 혀의 움직임
8) 먹이와 관련된 습성
9) 놀이 방법
10) 그 외 자신의 관심과 시선을 끄는 특성들

리 스트라스버그는 자신의 학생들에게 동물훈련을 두 달 가까이 시

켰다. 그 만큼 치밀하고 철저하게 관찰하고, 그것을 배우의 몸으로 서서히 착실하게 가져오도록 요구한 것이다. 동물훈련은 배우에게 내면과 외면을 일치시키면서 자신을 탈바꿈할 수 있게 하는 가장 좋은 훈련법이다. 성실히 관찰하고 인내를 가지고 자신을 동물로 변화시키려고 한 만큼, 보답을 얻을 것이다. 이 훈련은 손목과 무릎에 무리가 갈 수 있으므로 손목이나 무릎에 반드시 보호대를 착용하도록 한다.

훈련 도중 간간히 급격한 감정의 변화를 겪는 배우들을 목도하게 된다. 이 훈련법이 가지는 묘한 매력 중의 하나이다. 그런 경우에는 감정을 억제하기 보다는 동물인 상태를 유지하면서, 감정을 표출하도록 노력하여야 한다.

다음에 이어지는 훈련법들도 기본적으로 동물훈련을 준비하는 것과 같은 방법으로 준비한다.

관찰훈련3: 가족 또는 친구

가족이나 친구처럼 자신이 오랜 기간 잘 알고 있는 인물을 선택하여, 그 인물의 언행, 몸짓, 정신적/심리적/정서적 성향, 습관 등 그 인물의 모든 것을 내 몸으로 경험해본다.

관찰훈련4: 관심이나 주의를 끄는 낯선 사람

자신이 전혀 알지 못하는 사람 가운데, 길거리, 버스, 지하철, 식당, 가게 등 자신의 생활 공간 주변에서 마주치는 사람들 중 자신의 시선과 관심을 끄는 사람을 내 몸으로 경험해본다. 자신의 오감을 자극하는 사람은 좋은

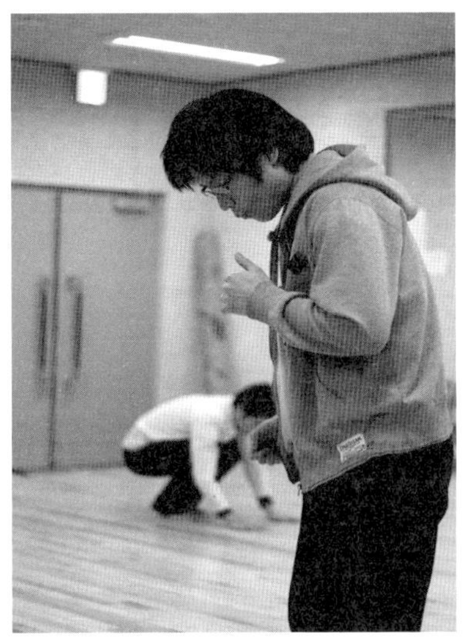

관찰훈련 중인 배우

관찰의 대상이 된다.

누구나 '저 여자/남자처럼 되고 싶다'라는 생각을 해본 적이 있다. 그 사람
을 내 몸으로 가져와서 경험해 본다.

누구나 한번쯤은 어떤 사람을 보고 '저 사람은 저러고 어떻게 살아갈까?'
라는 생각을 한 적이 있다. 그 사람이 되어, 그 사람의 삶을 살아보려고
한다.

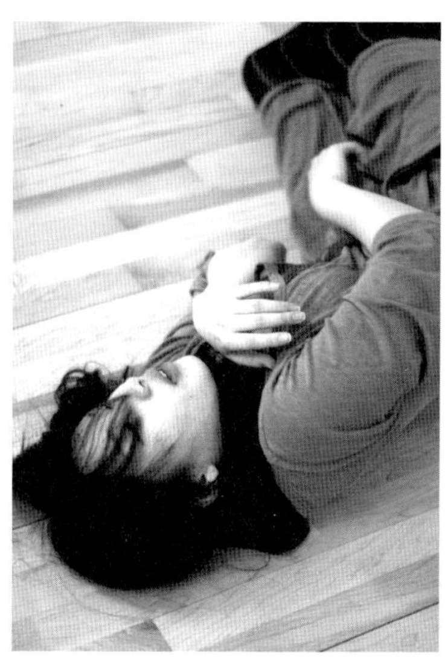

관찰훈련 중인 배우

관찰훈련7: 그림/사진 속의 인물 또는 조각상

자신의 관심을 끄는 그림이나 사진 속에 나오는 인물이나 조각상이 되기. 자신이 선택한 그림/사진/조각을 세밀히 관찰하고, 그를 바탕으로 자신의 상상력을 무한 가동하는 훈련이다. 이 훈련은 정지된 자세에서 시작된다. 정확하게 그 자세, 시선, 표정을 내 몸으로 가저온 다음, 천천히 인물을 살아 움직이는 존재로 창조해 가야 한다. 움직이다가도 틈틈이 그림/사진/조각의 정지된 기본자세로 되돌아가서, 원래 그림/사진/조각 속에서 발견하는 본질적 특성들을 잃지 않으려고 노력해야 한다.

관찰훈련8: 수퍼 모델

자신이 좋아하는 수퍼 모델의 사진을 여러 장 구해와서 앞서 그림/사진
속의 인물을 훈련할 때처럼 해본다.

9.

인물 창조를 위한 질문서

연극이나 영화에 어떤 배역을 맡았을 때, 어디에서부터 시작해야할까? 믿을 만하면서도 흥미로운 인물을 창조하기 위해 무엇을 해야 하는가? 한 인물을 창조한다는 것은 단지 신체적 특징만을 흉내 내는 것이 아니다. 한 인간의 영혼을 자신의 몸과 마음에 담아, 영혼을 가진 육체로 재탄생시키는 것이 예술가로서 배우가 할 일이다. 이 작업은 대본에 직간접적으로 언급된 단서에서 시작하는 하지만, 대본에 따라 단서의 양과 질은 다르다. 대본에서 찾을 수 있는 단서가 적을수록 배우가 해야 할 몫은 커진다. 때론 이런 몫을 부담스러워 하면서 연출가에게 기대려하는 배우들도 있지만, 그것은 자신을 독립된 예술가가 아니라 연출가에게 종속시키는 못난 선택이다.

배우가 영혼과 육신을 가진 살아있는 사람으로서 인물을 창조하기 위해서는 작업의 첫 단계에서 다음의 두 가지 본질적인 질문에 대한 깊이 있는 답을 찾아야 한다.

1) 인물의 경험세계가 인물의 영혼과 신체에 어떤 영향을 주었는가?
2) 그로 인해 인물이 어떠한 정신적/정서적/심리적/지적 성향을 갖게 되었나? 또 인물의 외면에 어떠한 특성들을 발달시켰는가?

대본을 읽으면서, 위의 두 가지 질문에 대한 답을 찾기 위해, 배우는 더 세밀하고 섬세한 질문들을 스스로 물을 수 있어야 한다. 그 질문이 어떤 것이어야 하는 데에는 정도가 없다. 다음에 이어지는 뮤지컬 <렌트>의 인물들에 대한 질문들은 위의 두 가지 질문들에 대한 해답을 찾아가기 위해 물어보아야할 세부적 질문들의 예일 뿐이다.

자신이 맡은 배역의 인물에 대해 어떠한 질문을 하고 어떻게 답을 찾는지는 예술가로서의 배우의 역량을 가늠하는 중요한 기준점이 된다. 가장 먼저 인물이 나와 같은 점, 그리고 나와 다른 점, 인물에 대해 내가 좋아하는 점, 그리고 싫어하는 점 등을 먼저 파악하고, 특정 행동과 말에 대한 동기와 의도를 파악하려고 해야한다. 질문의 깊이가 곧 인물의 깊이로 연결될 것이다.

인물에 대한 질문을 하기 앞서 배우는 자신을 잘 알아야 한다. 자기 자신을 안다는 것은 인물을 표현함에 있어서 내 자신으로부터 가져올 수 있는 것과 없는 것을 아는 것이기 때문에, 인물창조에 앞서 가장 먼저 준비해야할 사항이다. 배우 자신도 인생의 시기를 거치면서 변화하기 때문에, 한 번 해놓은 답이 항상 유효할 수만은 없다는 것도 기억되어야 할 것이다.

중요한 것은 인물에 대한 질문들과 그 답들이 머리 속에서만 맴도는 것이 아니라, 인물의 심리, 사고, 감정, 신체에 어떤 영향을 주고, 어떤 행동의 패턴을 낳으며, 어떤 습관과 성향을 습득하게 하는 지를 자신의 몸으로 표현해내려고 하는 것이다. 질문들에 대해 어떤 대답을 할 것인지, 그 대답을 어떻게 몸으로 옮겨갈 것인지 모두 배우의 선택이고, 그 선택의 능력에 예술가로서의 배우의 능력이 달려있다. 여기에 있는 질문들은 기본적인 사항들에 불과하다. 이 질문들보다 훨씬 더 구체적이고 세분화된 질문들을 할 수 있는 것 역시 배우의 역량이다.

뮤지컬 〈렌트〉인물 분석을 위한 질문서

〈렌트〉는 단순히 음악에 맞춰 노래하는 작품이 아니다. 〈렌트〉는 예사롭지 않은 깊이로 삶과 그 속을 살아가는 인간의 영혼을 들여다보면서, 인물들의 진실하고 생생한 경험들을 가장 강력하고 아름다운 음악으로 표현하고 있는 **연극**이다. 〈렌트〉의 음악이 보여주고 있는 강렬함과 아름다움

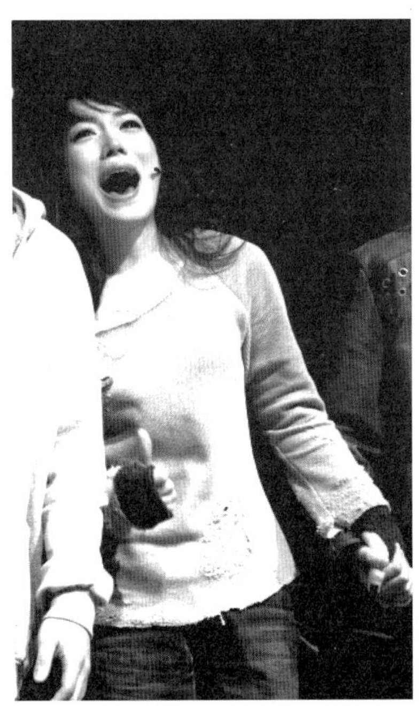

뮤지컬에서 외면과 내면의 조화를 갖춘 인물을 창조하는 것은 더더욱 중요하다

은 삶의 밑바닥에서 인간사 모든 경험 끝에 삶을 긍정하고 삶의 가장 높은 곳을 소리쳐 부르는 염원에서 나오는 것이고, 그것이 <렌트>를 진정한 뮤지컬로 만든다.

극이 시작되기 전 인물의 삶에 관해 물어보아야할 질문들

1. (공통) 어떻게 AIDS에 걸리게 되었는가? 양성반응이 나타난 지 얼마나 되었고, 그간 어떤 신체적/정신적/심리적 고통을 겪어왔는가?

2. (공통) 죽음에 대해 어떻게 느끼는가? 살고 싶은가? 얼마만큼?

3. (공통) 예술가로서 자신을 정의한다면, 어떤 예술가라 할 수 있
   는가? 무엇을 자신의 예술에 담고 싶은가?

4. (공통) 나는 행복한가? 행복하다면 무엇이 나를 행복하게 하는
   가? 불행하다면 무엇 때문에 불행한가?

5. (공통) 나의 꿈은 무엇인가?

6. 마크와 모린은 지난 달 왜 헤어졌는가? 왜 헤어졌고, 어떤 기억
   과 상처로 서로에게 남았는가?

7. 베니와 미미는 어떤 관계였는가? 언제 왜 헤어졌는가?

8. 베니가 변절하기 전 쫓고 있던 이상들은 무엇인가?

9. 베니, 로저, 콜린스, 모린은 한 때 룸메이트였다. 왜 함께 살았
   고, 함께 사는 동안 무슨 일들이 있었고, 어떻게 각자의 길을
   가게 되었는가?

10. 친구이자 동료였던 베니가 달라진 이유는 무엇인가?

11. 마크와 로저는 언제부터 룸메이트가 되었는가?

12. 마크가 대본 없이 촬영하기로 결정한 계기와 이유는?

13. 로저가 일 년간 기타를 치지 않은 이유는? 이제 다시 기타를
    잡은 이유는?

14. 로저의 전 애인 에이프릴은 손목을 끊고 자살했다. 왜?

15. 로저와 에이프릴 중 누가 먼저 AIDS에 걸렸나?

16. 모린이 이성애에서 동성애로 옮아간 계기/이유/동기는?

17. 모린과 조앤은 언제 어떻게 알게 되었고, 어떻게 연인관계로 발

전했는가?

18. 모린과 조앤은 서로의 어떤 점에 끌리는가? 얼마만큼 서로를 사랑하는가?

19. 조앤은 변호사로서 어떤 길을 걸어왔는가? 무엇을 변호하고 싶은가?

20. 콜린스는 왜 유독 그리고 항상 자신의 이름 "탐" 대신을 "콜린스"라는 성으로 이야기할까?

21. 콜린스는 유일한 학자이다. 그가 추구하는 학문은 무엇이고 그의 세계관은 무엇인가?

극이 진행되는 동안 인물의 경험에 관한 질문들

1. 마크가 생각하는 진정한 삶(real life)과 허구적 삶(fiction)은 어떻게 다른가?

2. (공통) 마크는 "과거가 계속 되돌아와 가슴을 찌르는데, 어떻게 과거를 묻어둘 수 있나? 과거는 내 안 가장 깊은 곳으로 들어와 나를 찢어놓는다"라고 말한다. 자신에게 그런 과거가 있는가? 있다면 무엇인가?

4. (공통) 콜린스는 "낯선 사람들, 집주인, 연인들, 자신의 혈관 속 피가 배반하는(betray)하는 시대에 어떻게 나와 다른 사람 사이에 연관성/유대를 찾을 수 있는가?"라고 묻는다. 삶과 인간을 서로 묶어주는 것은 무엇인가?

5. (공통) 마크와 로저는 "세상 모든 것이 돈 주고 빌린 것(rent)"

이라고 말한다. 무슨 의미인가?

6. (공통) <렌트>는 무엇을 태워서 불을 피우는 이미지로 가득하다. 각자에게 무슨 의미인가?

7. (공통) 미미와 Life Support Group의 멤버들은 "운명을 통제할 순 없지만, 내 영혼을 믿어. 삶의 유일한 목표는 그냥 존재하는 것(just to be)이야. 사랑을 받아들이든지 아님 두려움 속에 살아가. 후회하지 말아, 그럼 네 삶을 잃게 돼"이라고 노래하고 기도한다. 어떤 의미인가?

8. (공통) 인간으로서의 위엄이란 무엇인가?

9. (공통) 예술가/학자/행동가로서 난 밑바닥 인생을 구할 능력이 있는가?

10. (공통) "La Vie Boheme"에서 자신이 옹호하는 삶은 어떤 삶인가?

11. 앤젤은 언제 어떻게 "천사"라는 이름을 갖게 되었는가?

12. 콜린스는 처음으로 "앤젤(천사)"라는 이름을 들었을 때 무슨 생각이 들었나?

13. 첫 만남에서 앤젤과 콜린스는 서로에 대해 어떤 느낌을 받았는가?

14. 두 사람은 어떻게 연인관계로 발전해 가는가? 상대방을 왜 사랑하는가?

15. 로저가 찾고자/작곡하고자 하는 위대한 노래(One Song Glory)는 어떤 노래인가? 왜 그 노래가 필요한가? "이 노래가 만들어

진다면, 더 이상 삶의 고통을 견디고 감내할 필요가 없어진다”
는 건 무슨 뜻으로 하는 말인가?

16. 로저가 처음 미미를 본 순간 든 생각과 느낌은?

17. 미미가 촛불을 켜기 위해 찾아왔을 때, 그녀는 왜 떨고 있나?
그냥 추위 탓? 하루 종일 아무 것도 먹지 못한 이유는 무엇인
가?

18. 달빛에 비친 미미의 머리칼과 갈색 눈이 로저에게 크고 선명하
게 다가서는 이유는?

19. 미미의 웃음과 에이프릴의 웃음은 얼마나 어떻게 닮았는가?

20. 로저가 미미를 바라보는 시선은 어떠한가?

21. 미미는 Cat Scratch Club에서 얼만큼의 돈을 벌고 있는가? 그
일을 하는 것이 미미에게 어떤 영향을 주는가?

22. 로저가 클럽에 있던 미미의 모습(수갑 채워진 모습)을 잘 기억
하는 까닭은?

23. 로저는 왜 미미에게 마약중독자였다는 사실은 먼저 밝히면서도,
자신이 AIDS에 걸렸다는 사실을 밝히길 망설이는 이유는 무엇
인가?

24. 미미는 자신이 한때 성악설을 믿는 것처럼 삐뚤어져 있었다고
한다. 무슨 뜻인가?

25. 미미와 로저는 둘 다 손이 차다. 특별한 이유가 있나?

26. 앤젤이 “Today 4 U”에서 하고자 하는 말은?

27. 베니가 세우려는 사이버 스튜디오의 비전은 무엇인가? 현재 그

가 현재 가지고 있는 삶의 믿음은 무엇인가?

28. 모린이 애인에게 "Pookie"라는 별명을 쓰는 이유는?

29. 모린의 바람기는 어디에서 나오는 것인가?

30. 마크와 조앤이 상대방에게서 발견하는 것은 무엇인가? 상대방에 대한 이야기를 모린으로부터 많이 들었다. 첫 인상은 어떤가? 자신이 상상한 모습인가? 조앤은 모린이 아직도 마크를 사랑하고 있다고 생각하나?

31. 마크와 조앤은 모린이 "야비하고 음란하다"고 한다. 무슨 뜻인가?

32. 로저가 "3년 전에 죽었어야 했는데, 죽지 못했다"고 말하는 이유는?

33. 미미가 "Out Tonight"에서 하필 오늘 밤이라고 고집하는 이유는? 오늘 밤은 무엇이 다른가? 무슨 일이라도 있었나? 미미는 오늘따라 자신이 누군지를 잊고 싶어하고 과거를 잊고 싶어한다. 왜 오늘?

34. 로저가 한사코 거칠게 미미를 거부하는 이유는? 무엇이 그를 막는가?

35. 로저는 "마음의 불씨가 꺼져 다시 지필 수 없다"고 한다. 무슨 뜻인가?

36. 모린이 행위예술을 통해 사람들에게 말하고자 하는 것은 무엇인가?

10.

주어진 상황(Given Circumstances)

주어진 상황은 극의 장면이 시작될 때, 인물의 심신의 상태를 결정하는 모든 요인들을 일컫는 말이다. 가장 대표적인 요인으로는 장면이 일어나는 시공간을 비롯해, 날씨, 선행하는 사건 등이다. 대본에 따라, 장면에 따라, 이 요인들이 뚜렷이 제시되어 있는 경우도 있고, 반대로 그렇지 않은 경우도 허다하다. 주어진 상황이 뚜렷이 제시되어 있지 않은 경우, 배우에겐 대사의 분석 못지않게 주어진 상황을 분석할 수 있는 능력이 요구된다.

극은 시간적 공간적 제약으로 인해서 거의 대부분의 경우 인물(들)에게 일어나는 모든 일들을 다 보여주진 못한다. 장면과 장면 사이에 일어나는 일이 무엇인지를 읽어내고 그것이 인물의 심신에 어떠한 영향을 끼쳤는가를 파악하는 것은 장면을 제대로 시작하기 위한 가장 중요한 전제조건이 된다. 하나의 장면은, 그것이 비록 극의 첫 장면이라고 하더라도, 無의 상태에서 시작되지 않기 때문이다. 모든 장면에는 그것에 선행하는 일/사건이 있었고, 그것이 현재의 장면을 낳는 것이고, 또 현재의 장면이 다음 장면을 낳게 된다. 현재의 장면도 다음 장면을 위한 하나의 주어진 상황이 되는 것이다. 따라서 장면이 시작되기 전, 인물이 어떤 경험을 했고, 어떤 심신의 상태에 있는가를 완전하게 파악하지 못한 배우는 장면을 온전히 연기할 수 없다. 다음은 배우가 주어진 상황을 파악하기 위해 반드시 물어보아야 할 질문의 몇 가지 예이다.

1. 나는 어디에 있는가?
2. 여기 오기 전 어디에 있었는가? / 어디에서 오는 길인가?
3. 여기 오기 전 그곳에서 난 무엇을 하고 있었는가?
4. 지금 있는 장소는 어떤 장소인가?
5. 이곳에서 무엇을 하려고 하는가?
6. 지금 이곳에 오기까지 나의 하루 일과는 어떠했는가?
7. 지금 이 순간이 하루 일과와 어떤 연관성을 가지고 있는가?
   어떤 방식으로 나는 여전히 그 일과의 영향을 받고 있는가?
8. 지금은 하루 중 어느 때인가? / 몇 시인가?
9. 바로 지금 이 순간 내가 반드시 취해야할 행동은 무엇인가?
   (그것이 비록 앞으로의 더 강한 행동을 위한 토대를 마련하는 것일지라도)
10. 이곳에 누가 있는가? 내가 알고 있는 사람(들)인가?
    그 사람(들)에 대해 나는 어떤 느낌/태도를 가지고 있는가?
11. 지금 내가 오감을 통해 인지하는 자극은 무엇인가?

그것이 내가 장면을 시작하는데 어떤 영향을 주는가?

　　위의 질문에 착실하게 명확한 답을 얻음으로써, 배우는 장면을 시작할 수 있는 탄력 있는 받침대를 마련하게 될 것이고, 자신이 선택하는 행동이 보다 쉽게 구체성을 갖게 될 것이다. 주어진 상황에 충실할수록 '연기해야 한다'는 강박으로부터 벗어나 인물로서 살게 될 것이다. 영화나 드라마의 촬영에서는 물론이고, 심지어 연극의 연습에서도 극에서 일어나는 일을 시간적인 순서대로 연습하지는 못하는 경우가 많다. 주어진 상황을 제대로 파악하고 이를 온전하게 인물의 심신의 상태에 반영하지 않는 경우, 연기는 그 일관성과 맥락을 잃게 될 것이다.

　　주어진 상황이 연기에 얼마나 중요한지를 깨닫게 해주는 유명한 일화가 있다. 리 스트라스버그와 더불어 미국 연기계의 양대 축을 형성했던 대배우 스텔라 애들러는 파리에 머물고 있던 스타니슬라프스키로부터 개인지도를 받을 특별한 기회를 가졌었다. 두 사람은 스텔라 애들러가 그룹 씨어터 시절 연기한 적이 있던 장면을 함께 연습했었는데, 이 장면은 대본상으로 12페이지에 이르는 긴 장면으로, 스텔라 애들러는 그룹 씨어터에서 연습하고 공연했을 당시에는 한 번도 자신의 연기에 만족한 적이 없었다고 한다. 스타니슬라프스키와 스텔라 애들러는 이 장면의 첫 3페이지를 연습하는데 하루 5시간씩 6주의 시간을 함께 했다고 한다. 그리고 그 시간의 대부분은 주어진 상황(시간과 장소)의 리얼리티와 그속에서의 인물의 행동을 찾는데 쓰여졌다고 한다. 그 긴 시간 동안 찾아낸 행동들이 얼마나 많았을지는 쉽게 짐작이 갈 것이다. 그러나 그렇게 찾은 행동들 중에서 장면을 시작하는데 진정으로 필요한 것은 오직 하나였으니, 하나의 장면을 진정으로 연기하기 위해 얼마만큼 주어진 상황이 결정적인 역할을 하는지 알 수 있는 대목이다. 이런 노력을 기울이는 배우에게서 나오는 연기와 그렇지 못한 배우의 연기가 근본적인 깊이에 있어 큰 차이를 보일 수밖에 없는 것은 어쩌면 당연한 일일지도 모른다.

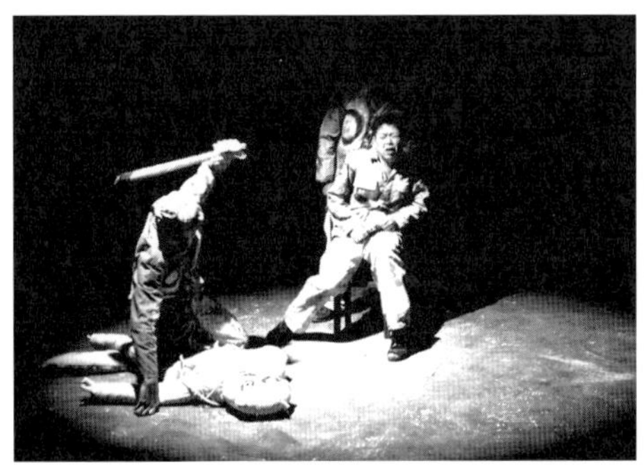

〈오장군의 발톱〉 뉴욕 체리 레인극장

11.

의도와 행동(Intention & Action)

기억과 상상력, 감수성과 창조력이 밀접하게 연결되어 있는 만큼이나, 행동과 감정도 불가분의 관계에 있다. 이때 행동이란 단순히 신체적 행동만을 언급하는 것이 아니다. 인물이 오감을 통해서 하는 인식이나 사고를 포함하는 것이다. 보는 것, 듣는 것도 행동이고, 보고 들은 것을 바탕으로 생각을 하는 것도 행동이다. 감정은 행동의 부산물 내지는 결과물로서 생겨나고, 이렇게 생겨난 감정이 또 다른 행동을 낳는다.

행동은 의도로부터 유발된다. 인간은 끊임없이 뭔가를 갈망하는 동물이다. 한 가지 욕구/욕망이 충족되고 나면, 인간은 절대로 그 만족의 상태에 머물러 있지 않는다. 만족은 다른 욕구를 낳고, 그 욕구를 채우기 위해 필요한 선택적 행동을 한다. 인간의 이러한 성향은 아마도 우리의 감각기관이 같은 자극에 점점 무뎌져 가고, 그로 인해 더 크고 강한 자극을 쫓게 되는 속성을 가진 것과 무관하지 않을 것이다. 마약중독자들이 마약에 중독되어 가는 과정은 우리의 감각적 만족이 갖는 맹점을 가장 잘 설명해줄 것이다. 끝임없는 욕구와 그에 따른 의도, 그리고 선택적 행동의 순환 고리 속에 인간은 존재한다. 스타니슬라프스키는 내면적 진실에서 행동의 선택으로 연기교육의 중심점을 옮겨간다. 이로 인해 많은 이들이 스타니슬라프스키가 내면적 진실을 버렸다고 생각하면서, 행동만을 강조하기도 한다. 하지만 이것은 잘못된 판단이다. 내면적 진실이 없는 행동은 인위적이고 무의미해진다. 그리고 무엇보다 막연하고 진부해진다. 스타니슬파프스키의 선택은 진실한 연기를 찾기 위한 그 자신만의 여정을 충실하게 밟아갊으로써 도달하게 된 정착지이다. 앞선 여정이 없었다면, 그곳에 도달할 수 없었다. 감정과 행동의 불가분의 관계를 생각한다면, 스타니슬라프스키의 연기시스템이 당연히 도달해야할 곳이다.

인물을 창조함에 있어서 배우는 인물이 무엇을 원하고(욕구와 의도), 그것을 이루기 위해 어떤 행동을 취하는가, 그리고 무엇이 인물의 행동을 방해하는가에 천착해야 한다. 그래야 그로부터 인물의 심리를 이해할 수 있게 되고, 인물이 경험하는 감정적 굴곡을 가늠할 수 있게 된다.

의도와 행동(액션)의 선택

살아있는 사람은 자신의 목적과 동기에 따라 행동을 선택하고 이를 실행에 옮기고자 한다. 선택행위는 자유의지를 가진 인간의 고유한 권리이다.

극 또는 장면 안에서 인물은 신체적/정신적/심리적/정서적 행동들을 한다. 그리고 그 행동은 의식적이든 무의식적이든 인물의 의도에 의해 뒷받침된다. 인간사가 자신의 의도에 따라 움직여 주지만은 않기 때문에, 인물의 의도는 하나일 수 있으나, 그를 이루고자 하는 행동들은 부닥친 장애에 따라 변화하기 마련이다. 다음에 열거한 의도와 그에 따른 행동들은 장면의 준비에 있어 배우가 진정 그 인물로서 살아 있기 위해서 끊임없이 적용해 보아야 할 선택들의 예이다. 배우가 그 선택을 위해 하는 고민들은 거의 대부분의 경우 인물들이 장면 속에서 하는 고민들과 크게 다르지 않다는 것을 명심할 필요가 있다.

권유/권고하기 위해서	부추기기 위해서
떠밀기 위해서	설득하기 위해서
유혹하기 위해서	무효로 만들기 위해서
안내하기 위해서	배신하려고
놀래키기 위해서	당황하게 하기 위해서
충격을 주려고	자신을 구하기 위해서
사랑을 구하기 위해서	시선을 끌려고
문제를 해결하기 위해서	즐겁게 하기 위해서
꿈을 실현하기 위해서	보호자/보호물을 찾기 위해서
비방하기 위해서	비난하기 위해서
제거하기 위해서	낚아채기 위해서
자존심을 지키기 위해서	위엄을 지키기 위해서
진실을 회피하기 위해서	상처받은 감정을 숨기기 위해
분위기를 전환하기 위해서	함정에 빠뜨리기 위해서
알아내기 위해서	사태를 수습하기 위해서

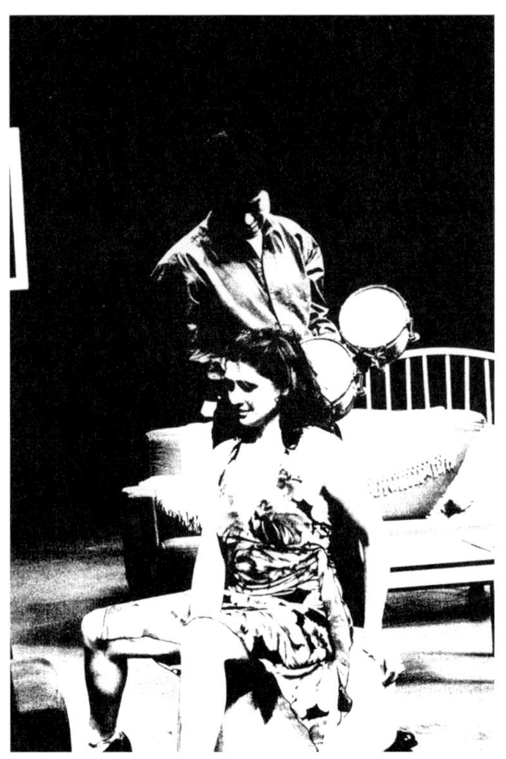

해롤드 핀터의 〈애인〉 액터즈 스튜디오 드라마 스쿨 극장

공격하기 위해서

상처주려고

할 일을 찾으려고

진정하기(시키기) 위해서

능가하기 위해서

직면하기 위해서

자신을 해방시키기 위해서

모든 것을 가지려고

치유하기 위해서

압도하기 위해서

집착하기 위해서

고수하기 위해서

계속하려고

자신을 구하기 위해서

일깨우려고

조용히시키려고

붙잡기 위해서

친절을 가장하기 위해서

따르기 위해서

반기를 들기 위해서

상처를 주기 위해서

불가피한 일을 하기를 회피하려고

내 자리/위치/입장을 주장하기 위해서

내 식대로 하기 위해서

도움을 청하기 위해서

모든 것을 지배하기 위해서

무가치한 존재가 되기 않기 위해서

사람들과의 관계를 유지하기 위해서

요점/핵심을 찾기 위해서

자신이 누구인지를 알기 위해

자신을 알아주기를 바래서

납치하기 위해서

도망치기 위해서

유혹하기 위해서

자랑하기 위해서

자신을 위한 공간을 만들기 위해서

문제 상황에서 몰래 빠져나오려고

대비하기 위해서

불가피한 일을 하기 위해서

인간관계를 넓히려고

위안을 얻기 위해서

달래기 위해서

선동하기 위해서

열 받게 하려고

흥미를 가장하기 위해서

혼란시키기 위해서

반항하기 위해서

거짓을 밝히기 위해 싸우려고

즐기기 위해서

혼자가 되고 싶지 않아서

모든 것을 얻기 위해서

이해시키기 위해서

죄를 숨기기 위해서

비밀정보를 빼내기 위해서

진실을 찾기 위해서

중요한 임무를 수행하기 위해

상대보다 우위에 서기 위해서

분위기를 북돋우기 위해서

포기하기 위해서

더 알고 싶어서

누구와 잠자리를 같이 하려고

관심을 얻기 위해서

씌워진 멍에를 벗기 위해서

삶을 더 나은 것으로 만들기 위해서

경계하기 위해서

자신의 일을 하기 위해서

종착지점에 도달하기 위해서

사기 치기 위해서

소유하기 위해서

끝을 보려고

사랑을 베풀기 위해서
관심의 중심에 서기 위해서
분명히 해두기 위해서
창피당하지 않기 위해서
기분전환을 위해서
과거를 들추기 위해서
감당해 내려고
무시하기 위해서
사랑을 쟁취하기 위해서

무시당하기 않기 위해서
정조/순결을 지키기 위해서
납득시키기 위해서
들키지 않기 위해서
과거를 숨기기 위해서
약점을 잡기 위해서
기분을 맞춰주려고
우월해지기 위해서

12.

독백연기

희곡의 꽃이라고 할 수 있는 독백에는 인물의 내면이 가장 집약으로 표현되어 있다. 그런 이유로 인해, 하나의 독백을 완전히 이해하고 이를 완전한 폭과 너비를 가진 예술적 형식으로 표현하는 것은 배우들에게 언제나 도전거리이다. 문제는 배우가 독백을 통해 인물의 내면, 그 영혼의 여정을 체험함에 있어, 자신이 가진 지적/정서적/심리적/신체적 습관의 함정에 빠지기 쉽다는 것이다. 많은 배우들이 독백을 준비하면서, 가장 쉬운 선택을 하고, 인물의 내면보다는 손쉽게 외면을 흉내 내는 일은 너무나 쉽게 목격되는 바이다. 연기가 예술이고 예술이 인간 본성과 영혼의 표현이라면, 그 예술의 길은 얕은 생각과 재주에 의존하는 것과는 반대 방향에 놓여있다. 자신의 모든 것을 던져, 자신의 한계에 도전하고, 그 한계를 뛰어넘으려는 피나는 노력이 반드시 필요하다.

독백을 하기 위해서는 기본적으로 누가 누구에게 왜 이 말을 하는지를 정하는 것이다. 인물에 따라, 상대에 따라, 의도에 따라 독백은 달라지기 마련이다. 특히 독백은 장면과 달리, 상대가 무대 위에 존재하지 않는다. 구체적으로 상대를 정해주지 않는다면, 독백은 허공을 맴돌 공산이 크다. 배우훈련의 초기단계에 도입하는 독백훈련은 훈련을 마친 배우가 오디션이나 공연을 위해 준비하는 독백과는 다른 방법으로 접근하여야 한다. 한 가지 해석이나 영감에 쉽게 고착되지 말고, 독백에 대해 무한한 가능성을 열어놓은 다음, 변수를 바꿔가면서, 여러 가지 시도를 함으로써, 독백에 잠재되어 있는 숨과 결을 발견할 수 있어야 한다. 다음은 한 인물의 독백을 진정으로 경험하고 표현할 수 있는 능력을 계발하기 위해서 배우지망생이 거쳐 가야할 과정에 대한 제안이다.

긴장 이완과 이완된 상태의 유지
특히 입과 턱, 눈썹과 미간, 어깨에 긴장이 들어가지 않아야 한다.

눈으로 그리기 (프로젝션)
눈을 감고 마음 속에 그린 것을 눈을 뜨고 가상의 캔버스 위에 그리기. 마치 눈에서 물감이 나가는 것처럼. 눈이 머무르는 곳에 선이 그어지고 색깔이 칠해진다.

눈으로 말하기

하고 싶은 이야기를 말을 하지 않고 눈으로만 말하기.

실제로 말을 할 때와 마찬가지로 먼저 누구에게 무슨 말을 왜 하는 지가 분명해야 한다. 눈을 감고 이야기하고자 하는 상대의 모습을 그려본 다음, 눈을 뜨고 적절한 위치에 상대방을 눈으로 먼저 그려내고, 그 상대 방의 눈을 바라본다. 상대방이 자신을 어떻게 보고 있는지도 보아야 한다. 눈으로 말하는 내내 상대방이 내 이야기를 어떻게 듣고 있는지 보아야 하고, 그것이 역으로 자신에게, 그리고 자신이 눈으로 말하는 방식에 영향을 주도록 열려있어야 한다.

한 모음으로만 말하기

하고 싶은 말을 '아' 모음으로만 말해보고, 다음 단계에서는 '야'와 '야'를 섞어서 말해본다.

지브리쉬/외국어로 말하기

지브리쉬란 알아 들을 수 없는 말(소리)를 뜻한다. 실제 말(대사) 대신 자 신이 내고 싶은 소리를 자유자재로 내면서 하고 싶은 말을 해본다.

자신이 모르는 외국어를 이용해 하고 싶은 말을 해보는 것도 같은 효과를 준다.

속삭이기

하고 싶은 말을 상대방에게 성대를 울리지 말고 속삭여 본다.

소리치기

하고 싶은 말을 높은 산 꼭대기에 올라 건너편 봉우리에 상대가 있는 것처럼 소리쳐본다.

노래하기

하고 싶은 말을 노래로 불러본다. 모음을 길게 해서 노래한다. 멜로디와 박자는 자신이 말하고 싶은 바에 충실하면 저절로 따라올 것이라는 믿음이 필요하다.

춤으로 표현하기

말 대신 몸으로 말하고자 하는 것을 표현해본다. 대사가 아닌 소리는 쓸 수 있다. 여기서 춤이라 함은 자유로운 신체표현과 동의어라 생각하고, 자신의 느낌을 따라가면 된다.

반대로 표현하기

자신이 하고 싶은 말을 반대로 표현해본다. 예를 들어, "사랑한다"는 마음을 "널 증오해"와 같은 마음으로 표현해 본다.

거짓으로 말하기

자신이 하는 모든 말이 거짓말이라고 생각하고 말해본다.

의도와 행동 바꾸기

자신이 하는 말의 의도, 그에 따른 행동을 여러 가지로 바꿔가면서 말해
본다.

날씨 더하기
여러 가지 다른 날씨를 더해서 말해본다.

장소와 시간 더하기
자신에게 구체적인 장소와 시간을 더해서, 그 시간과 장소에 맞는 몸상태
나 동작을 더해서 말해본다.

몸 상태 더하기
자신의 몸의 상태를 여러 가지로 바꾸어 가면서 말해본다.
자신의 몸의 한 부분을 불구로 만들어서 말해본다.

템포와 리듬 바꾸기
인위적인 조정은 지향할 바는 아니지만, 필요에 따라(배우에게 리듬감과
템포를 길러주기 위해) 시도해볼 수 있다. 하고자 하는 말을 여러 가지 다
른 리듬과 템포로 말해본다. 중요한 것은 리듬과 템포를 바꾸었을 때 그
것이 자신의 내면에 끼치는 영향을 그대로 받아들이는 일이다. 필요에 의
해 리듬과 템포를 조절해보긴 하지만, 다음 번에는 자신의 내면으로부터
다른 리듬과 템포가 생성될 수 있도록 해야한다. 사람들은 자신의 습관적
인 리듬과 템포로부터 벗어나기 힘들기 마련이고, 습관을 깰 수 있는 외

적 자극이 필요하다.

음악 들으며 말하기

실제로 음악을 선택해 그 음악을 틀어놓고 말해본다. 다음 단계에서는 실제 음악을 틀지 않고 감각의 기억을 이용해 음악을 들으면서 말해본다.

관찰한 동작 더하기

사람의 간단한 동작을 관찰한 다음, 그 동작을 되풀이 하면서 말해본다. 처음에는 관찰한 동작의 리듬과 템포를 유지하고, 다음 단계에서는 다른 리듬과 템포로 동작을 되풀이 하면서 말해본다.

관찰한 동물이 되어 말하기

동물을 관찰하고, 그 동물이 되어서 말해본다.

관찰한 인물이 되어 말하기

자신이 잘 알고 있는 인물, 또는 세밀하게 관찰한 인물이 되어서 말해본다.

13.

장면연기

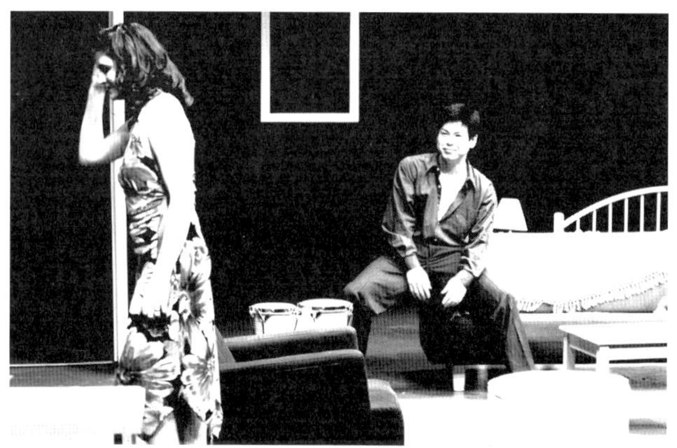

해롤드 핀터의 〈애인〉 액터즈 스튜디오 드라마 스쿨 극장

특별한 공연양식의 경우를 제외한다면, 연기는 항상 대본(희곡)에서 시작된다. 좋은 대본에 나와 있는 멋진 인물을 연기하고픈 것은 모든 배우가 가지는 열망일 것이다. 배우들을 훈련하면서, 배우의 역량을 극대화할 수 있는 대본들을 그들의 손에 쥐어줄 필요성을 절감하게 된다. 무수한 대본들이 존재하지만, 그 중에서 배우로의 성장에 진정으로 필요한 대본을 골

라내는 일은 그리 간단한 문제가 아니다. 어떤 배우로 성장하고 싶은가에 따라 훈련에 사용되어야할 대본은 달라질 것이다. 장면연기를 위해서는 배우에게 **내면의 깊이가 남다른 3차원적인 인물**을 구현할 수 있는 역량을 길러주기에 가장 적절한 장면들을 선별해서 훈련하는 게 좋겠다. 깊이 있는 인물과 인간 경험이 담긴 대본으로 훈련해야 힘든 만큼 배우의 성장도 크다. 그렇더라도 배우와 나이 차이가 너무 크게 나는 장면을 선택하는 것은 그리 현명한 선택은 못된다. 특정 나이에 이르지 않고는 도저히 제대로 연기할 수 없는 역할들이 있기 때문이다. 내면의 깊이가 다른 3차원적 인물들과 상황들을 진정으로 연기할 수 있다면, 배우는 현장에 나아가 작업함에 있어서 필요한 심신의 역량과 작업의 노하우를 겸비하게 될 것이다.

중요한 것은 어떤 장면을 얼마나 많이 해보느냐가 아니라, '어떻게' 준비하고 연습하느냐의 문제일 것이다. 많은 배우지망생들은 대개 그냥 '감'으로 연기한다. 재능의 정도에 따라 다르긴 하지만, 그만큼 '막연한' 연기를 하면서 자신이 배우가 되어가고 있다고 생각한다. 살아있는 인물을 구축하고, 독백과 장면의 진실과 실체를 창조하고 표현하기 위한 구체적인 노력들을 세을리하면서, 좋은 배우가 탄생할 수는 없다. 배우 훈련과정의 일부로서의 장면연기는 나름대로의 이유와 목표를 가진 것으로 실제 공연을 위한 준비작업과는 차이를 가진다. 일차적으로는 장면연기는 배우지망생이 지금까지의 훈련을 종합하여 대본에 적용해 보는 단계에 위치한 훈련이다. 어느 정도의 훈련을 받긴 했지만, 아직까지는 모든 면에서 미완성 단계에 있는 배우를 위한 훈련의 과정이라는 점이 간과되어서는 안 될 것이다. 장면연기와 실제 작업의 가장 중요하고 근본적인 차이는 연출가의 부재이다. 다시 말해, 장면연기 훈련에는 작품에 대해 한 가지 해석을 내리는 연출가가 존재하지 않기 때문에, 한 가지 해석에 기초해서 "장면을 이렇게 연기하는 것이 옳다 그르다"라는 판단을 내리지 않아도 된다. 따라서 장면연기 훈련은 배우가 한 인물로서 순간순간을 살아 움직일 수 있는 심신의 근육을 단련시키는데 그 주안점을 두고 있는 것이다. 변화하는 여러 요인들 속에서 매 순간을 살아있지 수 있어야만 10분을 살아있을 수 있고, 더 나아가 30분, 한 시간, 두 시간을 살아있는 인물로서 무대에 설 수 있게 되는 것이다.

한 장면을 여러 차례 연습하면서 배우지망생들에게서 가장 쉽게 발견할 수 있는 습성은 쉽사리 기계적으로 되풀이하려고 하는 습성이다. 장면의 시작부터 끝까지 연습할 때마다 순간을 살아있다면, 배우 내외적으로 무수히 변화하는 요인들이 있다. 그와 같은 변화를 무시하고 기계적인 반복을 도모하는 것은 바람직한 연습방법이 아니다. 끊임없이 인물의 동기를 찾고, 그를 성취하기 위한 행동을 찾고, 내면의 사고를 구성하고, 그 과정에 발생하는 충동/느낌/감정을 표출해야 한다. 쉽게 한 가지에 고착되려고 해서는 안 된다. 새로운 가능성을 찾기 위해 기존의 발견들을 과감하게 버려야 한다.

이와 같은 맥락에서, 젊은 배우지망생들에게 끊임없이 자신의 내외적인 한계에 도전함으로써 자신의 한계와 지평을 넓히라고 권하고 싶다. 끝없는 도전 없이는 배우는 결국 자신의 영역 안에 갇히게 되고 만다. 편안하게 연기하고 있다면, 이미 잘못 훈련하고 있는 것이다. 용기를 내어

위험을 무릅쓰고 지금의 지평선 너머를 보고 그곳에 다다를 수 있도록 자신의 모든 것을 던질 수 있기를 바란다. 그것이 진정으로 배우의 아름다운 모습이다.

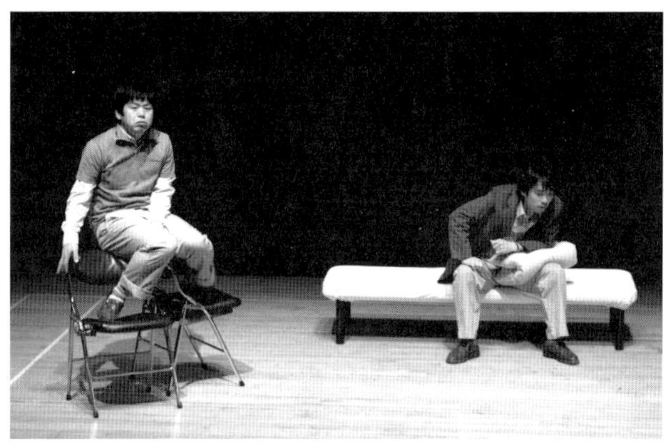

〈필로우맨〉 예술의 전당 자유젊은연극 2차 워크샵

14.

장면연기를 위한 사전 준비

장면을 준비하기 위해서는, 장면을 구성하는 가장 기초가 되는 요인들이 무엇인지를 알아야 한다. 이 요인들 각각에 대해 배우가 어떤 선택을 하느냐에 따라, 장면은 다르게 창조된다. 장면 속에는 나(인물)가 있고, 너(상대)가 있으며, 나와 너는 각기 다른 심신의 상태에 놓여있고, 각기 다른 의도를 가지고 있다. 나와 너는 같은 시간, 같은 장소, 같은 날씨 속에 놓여 있다. 물론 시간, 장소, 날씨가 나와 너에게 영향을 주는 정도는 다르기 마련이다. 배우가 '나'로 설정할 수 있는 인물이 10이라면, 자신의 심신의 상태를 10가지로 다르게 할 수 있다면, 그리고 10가지 다른 의도를 가지고 있다면, 그 조합의 수는 천 가지가 된다. 즉, 배우는 한 장면을 이미 천 가지 다른 방법으로 연기할 수 있게 된다는 것을 의미한다. 여기에 시간, 장소, 날씨/계절 등의 다른 요인들 각각에 대해서도 10가지로 변환할 수 있다면, 그 경우의 수는 가히 기하학적이다.

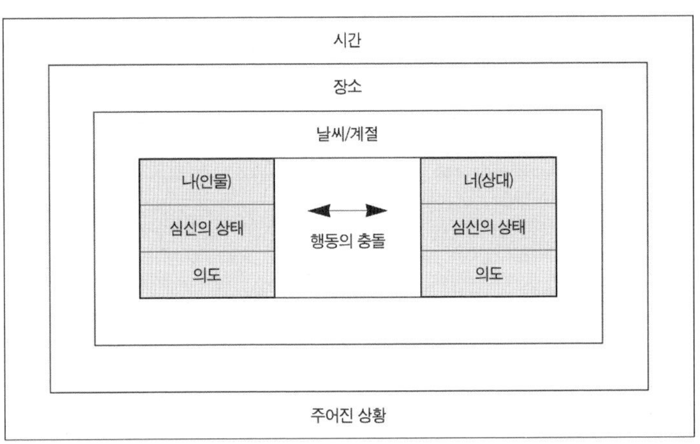

　　시간이나 장소는 대부분의 희곡이 이미 규정하고 있지 않느냐고 반문할지도 모르겠다. 물론 그렇다. 현대의 많은 희곡들은, 때론 간략한 수준에 그칠지라도, 작품과 장면의 배경이 되는 장소나 시간을 밝히고 있다. 그렇지만, 연출가가 존재하지 않는 상황에서 희곡이 지정한 장소와 시간이 어떻게 구체화되어야 하는지에 대해서는 얼마든지 다른 선택이 가능하다. 가령 무대 어느 곳에 사진틀이 놓였다고 희곡이 말하고 있다면, 구체적으

로 어떤 재질, 모양, 크기의 사진틀에 누구의 사진이 들어있는지는 배우가 선택할 사항이다. 무대의 창문 밖 풍경은 전적으로 배우가 무엇을 보느냐에 따라 다른 공간이 존재하게 된다. 막연히 어떤 풍경이 있다고 상상하지 말고, 자신이 생생하게 볼 수 있는 풍경을 눈으로 그릴 수 있어야 한다. 이렇게 배우지망생은 장면연기에 임함에 있어 본인에게 구체적인 장소와 시간을 선택하고 설정하여야 한다. 파트너와 공간의 배치에 대해 논의하고 협의해야 하는 부분도 있지만, 무대라는 공간은 배우 자신의 눈에만 보이는 많은 것들을 불러올 수 있도록 허용하는 마법의 공간이다. 가장 중요하면서도 놓치기 쉬운 설정이 무대 바닥이다. 대게 까만 칠이 되어 있거나 마루바닥인 무대 바닥은 배우가 설정하기에 따라 초원이나 늪지, 모래사장이나 자갈밭, 가시밭길이나 진흙탕이 될 수도 있고, 융단이나 카페트가 깔려 있을 수도 있는 것이다. 배우 자신에게 구체적인 시공간을 설정해야 하는 이유는 자신에게 구체적인 시공간에서 장면을 시작하면 자연스레 배우지망생에게는 집중과 몰입, 그에 따른 긴장의 이완을 가능케 하는 든든한 토대가 마련될 뿐만 아니라, 구체적인 시공간 속에서 구체적이고 실제적인 행동이 절로 유발될 것이기 때문이다.

장면연기를 통해 배우가 각각의 변수에 대해 다른 선택들을 해가며, 장면의 무한한 가능성을 발견해 나가는 것이 배우훈련의 일부로서 장면연기가 가지는 진정한 의미이다. 어떠한 선택을 하느냐가 예술가로서 배우의 능력을 가늠하는 척도가 된다. 그렇다면, 배우는 스스로의 선택을 뒷받침해줄 풍부한 레퍼토리를 보유하고 있어야 한다. 자신이 연기할 수 있는 인물이 많으면 많을수록, 자신이 내외적으로 창조하고 경험할 수 있는 감각적 진실이 많으면 많을수록, 의도와 그를 이루기 위한 행동이 다양하면 다양할수록 배우의 연기력은 성장하고 확대되는 것이다. 그와 같은 연기력을 갖춘 배우는 훈련을 마치고 실제 현장에 나가서 작업하더라도 연출이 요구하는 사항을 즉시 이행할 수 있는 실력을 갖추게 된다.

다음은 배우가 하나의 장면을 연기함에 있어, 파트너와 만나 연습하기 이전에 혼자서 준비해야할 사항들이다. 인물 없이 장면은 없기 때문에, 장면의 준비는 인물의 구축에서 시작할 수밖에 없다. 장면연기가 제대로 되지 않을 때, 거의 대부분은 인물이 확고하지 못하기 때문이다. 삶은 본질적으로 즉흥이다. 연습 없이도 우리가 삶의 순간순간을 살아갈 수 있는 것은 내가 확고하기 때문이다. 파트너와의 장면 연습 이전에 배우가 혼자서 충분한 준비를 하지 않는다면, 연습은 비틀거릴 수밖에 없는 것이다. 장면 연기의 시작은 다른 인물이 되려고 하기에 앞서, 우선 모든 것을 배우 자신에게서 이끌어내려는 노력을 기울일 필요가 있다. 그래야 진정으로 예술가로서의 자신의 가능성과 한계, 잠재력을 시험하고 확인할 수 있을 것이다. 장면이 완성되었다 싶을 때, 그때 자기 자신이 아닌 다른 사람이 되어 장면을 다시 연기해본다면, 배우 연기력은 급속도로 발전해갈 것이다.

사전 준비

1) 장면 연기를 하기에 앞서 반드시 작품 전체를 읽기.

2) 주어진 상황을 탐색하기.

3) 대사/표면에 나타나 있지 않은 장면의 뒷이야기(back story) 작성

하기.

4) "나는 누구인가?"를 명확하게 하기 위해 인물의 생애(bio)를 만들기.

5) 관계를 분명히 하기: (예) 다른 인물들에 대해 내가 어떻게 느끼는가?

비트와 동기의 파악: '장면 분석을 위한 질문서'를 바탕으로

비트는 **인물의 생각/의도/행동의 단위**라고 할 수 있다. 따라서 한 인물의 비트가 다른 인물의 비트와 일치하는 경우도 있지만, 반드시 그러하다고 할 수는 없다. 다른 인물이 한 인물이 원하는 대로 사고하고 행동하지는 않기 때문이다. 그런 점에서 배우가 한 장면을 비트로 나누는 것은 연출이 한 장면을 비트로 나누는 것과는 다소 차이가 날 수 있고, 날 수밖에 없다. 연출가와의 작업에서는 연출가가 설정한 비트 내에서 이를 거스르지 않으면서 자신이 맡은 인물의 비트를 설정하는 지혜가 필요하다.

1) 장면을 비트로 나누기.

2) 행동과 의도를 명확히 하기.

3) 매 순간의 의미를 규명하기.

4) 장면 내에서의 인물의 동기를 선택해 탐색하기.

5) 그 동기를 성취하는데 방해가 되는 요인들을 명확히 하기.

6) 서브텍스트를 위해 각 비트를 분석하기.

7) 대본 상 각각의 비트에 대해 탐색할 행동을 적기.

내면과 행동의 창조

1) 장면을 대사 없이 연기하면서 인물의 내적 독백을 탐색하기
   - 인물이 매 순간순간 무슨 생각을 하는지 사고하기
2) 인물의 내적 독백을 구축하기 위해 인물이 하는 생각을 소리내
   어 말하는 방법(speak out)을 이용하기.
3) 행동(액션)을 명확하게 하기 위해 매 비트마다 멈추기.
4) '의도와 행동의 선택'에 제시된 항목들을 바탕으로, 인물의 행동
   과 동기를 강화하기 위해 행동을 탐색하기.

주어진 상황과 감각적 진실

1) 장면의 환경적 요인들을 탐색하기. (예) 시간, 기온, 날씨, 장소,
   물체 등.
2) 장면의 감각적 실체들을 탐색하기: 시각, 청각, 미각, 청각, 촉각.
3) 행동과 동기를 달성하기 위해 어떤 물건이 필요한지 탐색하고
   결정하기.
4) 행동과 동기를 달성하기 위해 어떤 행위가 필요한지 탐색하고
   결정하기.
5) 장면이 시작되기 전 바로 직전에 있었던 순간을 즉흥적으로 연
   기해 보기.

인물 구축

1) 자신과 인물 사이의 유사점을 탐색하기.

2) 자신과 인물 사이의 차이점을 탐색하기

   차이점이 밝혀지면, 어떻게 그 차이점을 극복할 수 있는가를 고민한다.

3) 실생활의 사람들과 그들의 행동에 대한 관찰로부터 인물을 탐색하기.

4) 장면에 대해 이미저리를 위해 그림, 조각, 사진 등의 요소를 활용하기

5) 분위기, 기분, 리듬 등을 탐색하기 위해 음악을 사용하기

리서치

작품과 관련된 기사, 인터뷰, 리뷰, 비평 등을 찾아 읽기

15.

파트너와의 연습방법

다음은 연기훈련 중인 배우가 파트너와 만나 하나의 장면을 준비하고 연습하는 방법이자 과정이다.

장면은 독백(모놀로그)가 아니라, 대화(다이얼로그)이다. 즉, 장면연기는 혼자 하는 것이 아니라, 상대배우와 **주고받기**(give and take)를 하는 것이고, 따라서 **행동과 반응의 연속**이 바로 장면이 되는 것이다. 내가 받은 것을 바탕으로, 다음 것을 상대에게 줄 수 있다. 상대가 주는 것과 무관하게 내가 일방적으로 미리 생각하고 정해놓은 것을 주려고 하면, 그것은 이미 장면이 아니다. 그 때문에, 같은 장면도 다른 배우와 연기하면 다른 장면이 나올 수밖에 없다. 진정으로 주고받기 위해서는, 진정으로 행동하고 반응하기 위해서는, 미리 모든 것을 결정하고 장면연기에 임하지 않아야 한다. 출발점을 정하고 시작하겠지만, 도착지는 얼마든지 달라질 수 있다는 가능성을 열어놓아야 한다. 출발점에서 자신의 인물을 확고히 구축한다면, 두 인물 사이의 장면은 상당부분 저절로 이루어질 것이다. 실제 생활에서 우리는 상대의 의도, 생각, 다음 행동을 정확하게 알거나 예측하지 못한다. 어찌 보면 삶 자체가 즉흥이다. 그런 즉흥이 가능한 것은 우리들 각자가 성격이 분명한 존재이기 때문이다. 그 때문에 장면연기에 앞서, 배우 각각이 자신의 인물에 대해 철저한 준비를 하는 것이 중요하다.

두 인물이 주고받는 것은 대사 속에만 들어있는 것이 아니다. 대사 밑에, 그리고 대사와 대사 사이에 무엇이 놓여 있고, 오가는지 주목하여야 한다. 그래서 상대의 눈을 통해 '듣는' 것이 일차적으로 가장 중요하다. 말(대사)은 완전한 진실의 순간이 아닌 이상, 인물의 생각/마음/의도를 100% 반영하지 않기 때문이다. 역으로 내가 전달하려는 것 역시 말을 통해서만 전달하려고 해서는 안 된다. 눈을 통해서도 전달할 수 있어야 한다. 소리 길 중에서 가장 중요한 길이 눈 쪽으로 나있다는 것은 의미심장하다. 연기할 때 유난히 미간이 많이 찌푸려지는 배우들이 있다. 눈으로 표현되어 배출되어야할 에너지가 고여 눈 주위에 고착된 결과로 볼 수 있다. 물론, 사람이 대화를 할 때, 항상 상대의 눈을 보는 것은 아니다. 오히려 시선을 외면하거나 피할 때가 많다. 사실, 실생활에서 우리는 상대의 눈을 너무 보지 않는 것이 문제다. 눈이 마음의 거울이라고 한다면, 자신의 속내가 남에게 전해지는 것을 꺼리기 때문일 것이다. 현대인들이 진실의 단절과 고독감으로 고통스러워하는 것은 어쩌면 당연한 일일지도 모른다. 궁극적으로는 연기에서도 시선을 회피하는 성향을 표현할 수 있어야 하겠지만, 배우훈련의 초기단계에는 눈으로 말하고 듣는 훈련이 절대적으로 요구된다. 그래야만, 나중에 시선을 돌렸을 때에도 상대배우와의 보이지 않는 끈이 끊어지지 않고 팽팽하게 당겨져 있게 된다.

독백과 마찬가지로, 장면 역시 상투적이고 손쉬운 접근법으로는 그 속에 놓여있는 진실/실체의 숨과 결을 제대로 발견하기 어렵다. '독백의 준비방법'의 상당수는 장면연기에도 그대로 적용될 수 있고 또 마땅히 적용되어야 한다. 다음에 나와 있는 방법과 절차는 장면연기를 위해 추가로 필요한 연습과정들이다.

긴장의 이완과 이완된 상태의 유지

장면연기 내내 긴장이 이완된 상태를 유지하는 것은 기본이다. 미간, 어깨, 발성기관, 손가락 등에 들어가는 긴장에 특히 유념하라.

사전 준비 (Preparation)

장면이 시작되기 전 각각의 배우는 자신이 맡은 인물이 되어야 한다. 자신의 심신의 상태가 인물의 심신의 상태와 일치하지 않고서는 장면을 제대로 연기할 수 없다. 그에 필요한 준비를 충분히 하고서 장면을 시작하여야 한다. 오감의 기억, 정서적 기억, 인물구축과 관련된 모든 훈련법들을 사용하여 인물의 상태가 되는 것, 이를 장면연기를 위한 사전준비라 칭한다.

파트너와의 연결상태에 따라, 장면은 달라진다. 눈으로, 귀로, 숨으로 파트너와 연결되어야 한다. 장면 내내 이 연결고리가 끊겨서는 안 된다. 파트너와 마주 앉아 서로의 눈을 들여다 보는 것으로 첫 연습을 삼는 것이 좋다. 파트너의 절대적 신뢰를 얻는 것은 장면연기의 가장 단단한 토대가 된다.

순간에 충실 (Moment to Moment)

장면은 두 배우가 각자 미리 준비한 것을 일방적으로 보여주는 것이 아니다. 두 사람이 각각의 인물로서 살아있으면서, 순간순간에 일어나는 모든 충동, 생각, 느낌을 행동으로 살려나가는 것이다. 매 순간순간 일어나고 변화하는 일에 주목하라. 호흡이 중요하다. 들숨과 날숨으로 되어 있는 호흡은 주고받기, 행동과 반응을 가능케 하는 전제조건이다. 들숨을 통해 상대와 주변으로부터 전해오는 모든 것을 내 안에 깊숙이 받아들여라. 그리고 받아들인 것이 낳는 모든 생각과 느낌으로부터 다음 행동(대사를 포함해서)을 취하라. 그것이 상대에게 전해져 똑같은 과정을 거쳐 다시 자신에게 돌아올 것이다.

파트너와 마주보고 서로의 눈을 보며 말하기

다른 사람이 되려고도 하지 말고, 아무것도 억지로 표현하려고 하지 말고, 두 사람이 마주보고 있는 사이에 일어나는 느낌, 생각, 감정만으로 대사를 말해본다. 이때, 상대에게서 전해져 오는 것을 내 안으로 다 받아들이지 않고서 대사를 말하는데 급급해서는 아무런 효과를 볼 수가 없다.

시선

마주보며 말하기를 한 다음엔, 시선을 바꾸어본다. 예를 들어, 한 사람은 외면하고 다른 사람은 파트너를 계속 주시하며 말하기, 또는 두 사람 다 서로를 외면한 채로 이야기하기. 상대를 눈으로 직접 볼 때와 마찬가지로, 시선을 외면하거나 피할 때조차도, 두 사람 사이의 연결고리는 끊어져서는 안 된다. 눈에 보이지 않는 힘이 두 사람을 한 장소에 묶어두고 있음이 느껴져야 한다.

모든 대사를 한 사람은 "널 사랑해"란 의미로, 다른 사람은 "널 증오해"란 의미로 말해보기

애증 관계에 있는 두 사람 사이의 장면일 경우에는 반드시 거쳐 가야할 훈련이다. 많은 경우, 극 속에서 인물이 다른 관계 속의 인물들에게 가지는 감정은 '복합적'이다. 일차원적인 인물을 연기하지 않는 한, 그리고 내적 외적 갈등이 존재하는 한, 인물들이 생각하고 느끼는 것은 단지 한 가지에 국한되지 않는다. 배우의 훈련과정에 있어서, 복합적인 감정을 막연히 표현하려고 하기 보다는, 하나의 진실을 차곡차곡 쌓아가면서 여러 가지 진실들을 동시에 표현할 수 있는 길로 가는 것이 옳다.

모든 대사를 거짓말로 말하기

대사는 인물의 진심을 100% 담고 있는 경우가 드물다. 모든 말을 거짓말

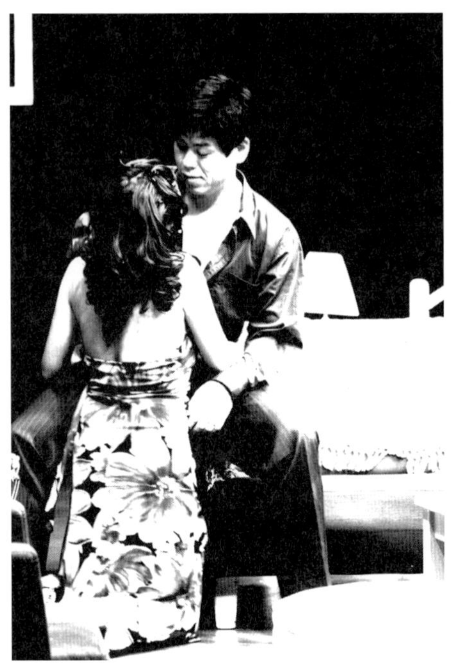

해롤드 핀터의 〈애인〉 액터즈 스튜디오 드라마 스쿨 극장

로 해보면서, 각 대사 속에 몇 퍼센트의 진실이 담겨있는지 탐색해보자. 물론 고전극이나 셰익스피어 작품처럼 몇몇 악당들을 제외하고는 대체로 언행이 일치하는 작품에 적용하는데에는 신중을 기해야 한다.

반대로 표현하기

모든 표현은 그 반대의 표현도 가능하다. 사랑을 증오로 표현할 수도 있고, 무관심을 극진한 관심으로 가장할 수도 있다. 표현의 반대적 가능성을 찾아보자. 그리고 거기서 한 걸음 더 나아가, 자신이 파악한 진실/실체조차도 반대로 설정해보자. 다시 말해, 대사에서 '사랑'의 표현이라고 파악한 말조차, 그 근본 설정을 반대로 바꾸어 '증오'의 표현으로 말해보는 것이다. 제대로 한다면, 대본에 대해서 알지 못했던 차원을 발견하고서 놀랄 것이다.

대입 (Substitution)

진실성을 잃지 않으면서 인물을 구축할 수 있는 대표적인 훈련법이다. 파트너를 자신이 실제로 알고 있는 사람으로 대입시켜 말해본다. 자기 자신을 다른 사람으로 대입시켜서 그 사람이 자기 자신에게 말하듯이 말해본다. 인위적인 어투와 화술을 구사하는 배우에게는 꼭 필요한 훈련이다.

무언극

일체의 대사를 사용하지 않고, 무언극으로 장면을 연습해본다. 언어 이외의 다른 방법으로 자신의 의사를 표현하는 방법을 모색해본다.

춤

장면을 춤으로 표현해본다. 안무를 짜려고 하지 말고, 두 배우가 자유롭게 내적인 진실을 따라 몸을 움직이고, 동시에 서로의 움직임에 주목하면서, 움직임이 발전되어 가게 한다.

노래

장면을 뮤지컬처럼 노래로 표현해본다. 역시 작곡에 대한 부담을 갖지 말고 마음의 선율을 따라 노래하고 이를 완전하게 상대에게 전달해 간다.

마음의 거리에 따라 물리적 거리 달리하기

마음의 거리와 물리적 거리는 일치한다. 마음이 가까워지는 만큼 상대에게 더 다가서고 마음이 멀어지는 만큼 상대에게서 더 떨어져본다.

등을 마주대고 속삭이며 이야기하기

두 사람이 등을 마주대고 성대를 울리지 않고 나지막이 속삭여 이야기해 본다. 눈을 마주 대했을 때와는 다른 진실이 오고감을 발견할 수 있을 것 이다.

먼 거리에서 소리치기

공간의 양쪽 끝에 서서, 상대를 마주보며 소리쳐서 말한다. 익숙한 음역대 와 성량에 머무르려는 자신의 습성을 끊임없이 타파해주어야 완전한 표현 을 찾을 수 있다.

세 문장으로만 반복해 말하기

대사들 중 세 문장을 골라서, 자신이 상대에게서 원하는 것, 또는 말하고 싶은 바를 그 속에 담아 장면을 진행해 본다.

캐릭터 바꿔보기

자기 자신 이외에 평소 엑서사이즈나 관찰을 통해 발견했던 인물이 되어 장면을 연습해 본다.

장면연기와 관련해 몇 가지 유의해야할 사항

신체적 폭력과 관련된 부분은 두 배우가 철저하게 계획하고 합의한 후, 노래에서 음정과 박자를 익히듯 정확하게 동작과 템포를 익혀나가야 한다. 리얼리티를 살린다는 허명 아래, 실제 폭력을 가하는 일은 절대 일어나서는 안 될 것이다. 리얼리티를 실제 폭력으로만 살릴 수 있다면 연기는 더 이상 예술이 아니다.

애정 표현도 같은 원칙하에 이루어져야 한다. 두 배우는 애정 표현과 관련해 자신이 허용할 수 있는 정도(이는 배우마다 다르다)를 상대에게 알려주고, 서로가 허용하는 선 안에서 안무를 짜듯이 신체 접촉과 동작을 준비해 간다. 그렇게 되면, 작위적이고 연기한다는 느낌이 나지 않을까라고 의문을 가지는 배우가 있을 것이다. 그렇지 않다. 안무 때문에 작위적인 연기를 하게 된다면, 세상의 모든 댄서들의 춤은 가짜가 될 것이다. 노래의 경우도 마찬가지다. 박자와 멜로디를 지켜야 한다는 이유로 노래가 인위적이 되지는 않는다. 배우는 형식이 뚜렷할수록 그 형식을 철저히 익히고 그 형식 안에서 자유로울 수 있는 수준에 도달하여야 한다. 정해진 형식 안에서 숨막혀하는 배우들을 자주 목도하게 된다. 연출가에 따라 다르긴 하지만, 어떤 연출가들은 철저하게 자신이 동선(블라킹)을 짠다. 연출이 짜준 동선 안에서 자유롭게 움직일 수 없다면, 그 배우는 진정한 배우라고 할 수 없다. 연출의 동선이 잘못될 수도 있고, 그것에 대해 협력자로서 더 나은 동선을 제안할 수는 있지만, 여전히 주어진 틀 안에서 그 형식을 제대로 살리지 못하는 것은 배우로서의 자질부족이다.

소품의 경우, 실제 사물을 처음부터 사용하는 것은 그다지 예술가로서 배우의 성장에 이롭지 않다. 연극에 등장하는 모든 사물들은 나름대로의 의미와 이유가 있고, 그 의미와 이유는 배우가 그 사물을 어떻게 다루느냐에 따라 달라진다. 가령, 연극에 사용되는 칼은 실제 칼이 아니다. 배우가 그 칼을 어떻게 사용하느냐에 따라 '흉기'로서의 칼의 실체가 창조된다. 실제 사물을 사용할 경우, 대개 배우들은 소품에 대해 아무런 생각을 하지 않게 될 가능성이 커진다. 그렇다고 마임하듯이 기계적으로 또는 대충 소품을 다루는 것도 의미가 없다. 오감의 기억을 이용해서 소품의 리얼리티를 창조하고 그 소품의 숨겨진 의미를 발견해나가는 것이 배우의 상상력 훈련에 훨씬 더 효과적이다.

배우의 연기에서 어렵지 않게 접할 수 있는 잘못된 습관 중의 하나가 기분에 휩싸여 있는 상태에서 어떤 '분위기를 연기'하는 성향이다. 텔레비전 드라마에서 질질 끌리는 감정 연기를 하는 배우들에게서 가장 많이 나타나는 성향인데 ─ 그래서 그들이 연극이나 영화 연기를 할 때 가장 큰 장애가 되는 습관이다 ─ 분위기 연기는 막연하게 인물의 상태에 대해 어떤 설정을 하고, 그 설정 안에 안일하게 머물러 있은 결과라 할 수 있다. 장면 연기에서는 상대역을 포함해 주변으로 끝임없이 주어지는 자극들과 상호작용하면서 인물의 생각/느낌/행동/감정이 변화해야 한다는 점을 명심해야 한다. 배우가 연기하는 어떠한 것도 그것이 살아 움직이지 않고 굳어져 있다면, 그것은 죽은 연기이다.

16.

장면분석을 위한 질문서

특정 장르의 연극을 제외한다면, 연기는 언제나 대본을 읽는 것으로 시작된다. 따라서 대본을 분석하는 능력은 배우의 연기를 결정하는 최우선적인 요인이 된다. 그렇다면, 배우는 어떻게 대본을 읽어야 할 것인가? 배우로서 대본을 읽는 법은 연출이나 비평가의 독법과는 사뭇 다르다. 배우는 철저하게 한 인물의 관점에서 극 전체를 읽어야 하고, 모든 것을 그 인물의 관점에서 정당화하여야 한다. 실생활에서 모든 사람들이 그러하듯이, 모든 인물은 자신의 욕구에 따라 움직인다. 그것이 정신적이든 육체적이든 상관없이, 각 인물들은 순간순간 자신만의 동기와 의도에 따라 자신만의 선택을 하고 그에 따른 행동을 한다. 거기에는 다른 이들이 각자의 기준에 따라 판단하는 선악이 존재하지 않는다. 오로지 인물 자신이 원하는 것과 원하지 않는 것이라는 '진실'만이 존재할 뿐이다.

배우에게 있어 희곡을 분석하고 장면을 분석하는 주된 목적은 인물이 어떤 경험을 하는가를 밝히기 위한 것이다. 극 전체를 거쳐 인물에게 어떤 일들이 일어나고, 그 일들을 거치면서 어떤 경험을 하고, 무슨 생각을 하고, 어떤 변화를 겪는지를 파악하는 것이다. 그래야만, 그 분석을 바탕으로 해서, 인물이 체험하는 경험을 연기해야 하는 배우가 어떻게 매순간 생생하게 살아있는 경험을 자신의 몸과 마음을 통해 창조하고 표현할 수 있는지, 그 방법을 모색할 수 있게 되는 것이다. 막연하고 단순한 분석으로부터는 막연하고 단순한 연기밖에 할 수 없다. 대본을 받아들었을 때, 다음에 있는 열 가지 기본적인 질문들에 어떤 답을 할 수 있나에 따라 예술가로서의 배우의 역량이 판가름난다.

1. 극 전체에서 본인이 맡은 배역의 인물이 원하는 것/추구하는 것은 무엇인가?
2. 장면에서 무슨 일이 일어나나? 표면적으로 일어나는 일과 진정 그 장면에서 일어나는 일은 다르다.
3. 왜 그 일이 일어나나?
4. 장면이 시작되기 전에 무슨 일이 있었나? / 어디에서 오는 길인가?
5. 주어진 상황은 무엇인가? ―일시, 장소, 날씨, 신체상태 등
6. 본인이 맡은 배역의 인물이 장면에서 원하는 것/추구하는 것은 무엇인가?
7. 인물은 자신이 원하는 것/추구하는 것을 어떻게 이루려고 하는가?
8. 그것에 방해가 되는 것은 무엇인가?
9. 장면이 끝났을 때, 인물이 얻은 것은 무엇인가?
10. 장면이 끝나고 인물에게 어떤 변화가 있는가?

이상 열 가지 질문은 장면 분석을 위한 가장 기본적인 질문들이다. 배우는 이외에도 작품과 인물에 관한 무수한 질문들을 스스로 묻고 답하고 그에 따른 예술적 선택들을 해나가야 한다.

17.

장면분석의 예

이제 두 개의 장면을 실제로 분석해 보면서, 어떻게 하는 것이 배우로서 장면을 제대로 분석하는 것인지 익혀나가고자 한다. 첫 장면을 통해서는 질문서에 의거해 장면에 대한 전반적인 분석을, 두 번째 장면을 통해서는 보다 세분화해서 대사별로 배우는 어떤 질문들을 던져보아야 하는지를 살펴볼 것이다.

장면을 분석함에 있어 한 가지 유념해야 하는 사항은 장면에 있는 것은 비록 그것이 아무리 사소해 보일지라도 무의미한 것은 하나도 없다는 점이다. 필요 없다면, 굳이 장면에 포함되지 않았을 것이다. 말할 필요가 없었다면, 어떤 대사도 쓰여지지 않았을 것이다. 극작가에 따라 다소 차이는 있지만, 심지어 침묵조차도 극적으로 큰 의미를 가진다. 아무리 사소해 보이는 행동도 극적 의미를 담고 있다. 대본에 나와 있는 모든 것을 당연시하지 말고 무엇에서 비롯됐을까 끊임없이 의문을 가져야 한다.

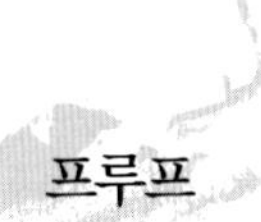

프루프

다음은 퓰리쳐상 수상작인 "프루프"의 각색본 1막 1장이다. 앞의 장면 분석을 위한 질문서에 근거해, 이 장면을 분석해 보고자 한다. 질문서의 질문들을 염두에 두고, 먼저 장면을 끝까지 읽어보자.

> **프루프 (데이빗 오번 작 / 이창원 각색) 장면 1**
> 대전의 한 저택 현관 테라스. 김지석이 들어온다. 백팩을 매고 자켓을 접어서 들고 있다. 그가 문을 그냥 놔버리는 바람에 문이 쾅당하고 닫힌다. 채서형, 놀라서 벌떡 일어나 앉는다.

채서형   어?

김지석   미안해요. 나 때문에 깼어요?

채서형   뭐?

김지석   자고 있었어요?

        (사이. 채서형의 아버지는 이미 사라졌다.)

채서형   놀래라. 깜짝이야. 뭐하는 거예요?

김지석   죄송해요. 이렇게 늦은지 몰랐네. 오늘은 이만 가보려구요.

채서형	예.
김지석	혼자 마신 거예요?

(순간 채서형은 자신의 손에 샴페인병이 들려있음을 깨닫는다. 그녀는 병을 급히 내려놓는다.)

채서형	예.
김지석	샴페인이네. 뭐 좋은 일 있어요?
채서형	아뇨. 원래 샴페인 좋아해요.
김지석	특이하네요. 원래 축하용으로 마시는 건데. . .
채서형	드실래요?
김지석	주세요.
채서형	(병을 건네며) 다 드셔도 되요.
김지석	아뇨. 아뇨, 차를 가져 왔어요.

(사이)

그럼, 이만 가볼게요.

채서형	안녕히 가세요.
김지석	또 오겠습니다, 그럼.
채서형	어딜 또 와요?
김지석	아직 볼 게 많이 남아서요. 내일 와도 될까요?
채서형	내일 장례식이에요.
김지석	아, 맞다. 죄송해요. 장례식 때 뵐게요, 그럼.
채서형	그러세요.
김지석	일요일은요? 집에 있을 거예요?
채서형	3일 동안 뭐했어요? 도대체?
김지석	시간을 조금만 더 주시면 안 될까요?

채서형   얼마나 더요?

김지석   음. . . 최대한 빨리 하면. . . 한. . . 일주일?

채서형   장난하세요?

김지석   확인할 게 좀 많아서요. 저 때문에 귀찮으신 거 아는데요, 특히 상 당
          하셨는데 정말 폐 끼쳐서 죄송한데, 저도 뭐가 이렇게 많을 줄 몰랐어
          요. 거짓말 아니고 정리하는 데만 사흘이 걸렸어요. 거의 다 채 교수님
          이 직접 쓰신 노트인데요, 이제 순서대로 정리가 돼서 제가 굳이 여기
          안 와도 되거든요? 조금씩 집에 가져가서 읽고 다시 가져오면 안 될까
          요?

채서형   장난하세요?

김지석   조심해서 다루겠습니다.

채서형   집에서 뭐 가져나갈 생각은 아예 하지도 마세요. 절대로 허락 못 하니
          까.

김지석   그럼 뭐 여기서 계속 일해야겠네요. 최대한 방해 안 되도록 노력할게
          요.

채서형   방해되는 거 알면서 왜 이렇게 시간낭비 하세요?

김지석   그래도 누군가는 봐야 되지 않겠어요?

채서형   볼 꺼 하나도 없어요.

김지석   교수님께서 남기신 노트가 자그마치 103권이에요. 103권.

채서형   제가 이미 다 봤거든요. 낙서에요, 낙서.

김지석   어쨌든 교수님이 쓰신 거잖아요.

채서형   아, 나 이 아저씨 정말 말 안 통하네. 정신분열증의 여러 증상이 있는
          데요, 아빠 서광 증세가 있었거든요. 그게 뭔지 아세요?

김지석   예, 강박적으로 뭔가를 계속 쓰는 거죠. 그리고 제가 어딜 봐서 아저씨

에요?

채서형　원숭이가 타자 친 거라고 생각하면 되요, 그냥.

김지석　그건 확인해 봐야 알죠.

채서형　확실해요.

김지석　아무튼 전 한 페이지 한 페이지 꼼꼼히 살펴볼 계획입니다. 같이 할래요?

채서형　저까지 미친 줄 아세요?

(사이)

김지석　벌써 시간이 이렇게 됐네. 친구 몇 놈이 밴드를 하거든요. 둔산 쪽 클럽에서 두시 반쯤 공연이 있어서요. 간다고 약속을 해서. . .

채서형　제발 좀 가세요.

김지석　꽤 실력 있는 밴든데요, 멤버가 전부 수학과 출신이에요. 제일 유명한 곡이 ‘i’라고, 소문자 ‘i’요. 무대에서 연주 안하고 3분 동안 그냥 가만히 서있어요. 왜인지 알아요?

채서형　뭐, ‘i’가 허수라고?

김지석　우와, 수학 조크라 보통 사람은 잘 모르는데.

채서형　그런 걸 조크라고 하는 인간들이나, 범생이들 삘 짓 하는 거 보러가는 인간들이나.

김지석　왜요? 공부도 잘하는 애들이 음악도 하면 멋있지 않아요? 다들 옷도 신경 써서 입고, 운동도 하고, 요샌 전부 안경 말고 렌즈도 껴요. 귀도 뚫고, 여자들한테 은근히 인기도 많고, 요즘은 범생들도 진화하고 있어요.

채서형　아저씨, 그 밴드 멤버 중 한명이죠?

김지석　예? 어떻게 알았어요? 사실 제가 드럼 쳐요. 가서 구경할래요?

채서형   안녕히 가세요.

김지석   월요일엔 집에 있죠? 그럼 그 때 봐요.

채서형   할 일이 그렇게 없어요?

김지석   많아요. 이번 학기 내내 강의 다녀야 되고, 논문 쓰는 것도 있고.

채서형   거기다 밴드 연습까지 하려면 너무 바쁘지 않겠어요?

김지석   꼭 해야 할 일이에요. 그러니까 허락해 주세요.

          (사이)

          저 채 교수님 정말 존경합니다. 교수님 같은 분의 천재성이 그냥 그렇
          게 병 때문에 무너졌다고 생각하지 않아요. 그리고 왜 4년 전인가 한
          번 1년 내내 건강 하셨잖아요.

채서형   1년이 아니라 9개월이에요.

김지석   뭐, 아무튼, 그 때 학생들 한참 도와주셨거든요. 제가 석사 마치고 박
          사과정 막 들어와서 슬럼프여서 공부 그만두려고까지 생각했었는데, 아
          버님이 정말 많이 도와주셨어요. 덕분에 논문 방향도 제대로 잡을 수
          있었고 제가 빚진 게 많아서 그래요. 저기. . . 이제 스물 다섯이죠?

채서형   그 쪽은 몇 살인데요?

김지석   그건 됐고요, 있잖아요. . .

채서형   몇 살인데?!

김지석   내가 세 살 많아요. 스물 여덟. 아무튼 채 교수님이 지금 우리보다도
          어릴 때 이룬 세계적인 업적 세 가지가 있거든요. 게임이론이랑, 대수
          기하학이랑, 비선형 작용소이론이라고, 그 영향력이 수학만 아니라 경
          제학에서 천체물리학까지 엄청나죠. 아무튼 아버님은 그런 분이세요.

채서형   나도 다 아니까 잘난 척 하지 마세요.

김지석   잘난 척이 아니라 그냥 얘기해주는 거예요. 엄청나게 중요한 연구 업적

이 저 안에 있을 수도 있다는 것을 잘 모르는 것 같아서. 아, 진짜 내가 교수님 10분의 1만 되도 대학 골라서 교수 할 텐데.

(사이)

채서형   그 가방 이리 내놔 봐요.

김지석   예?

채서형   가방 달라고요.

김지석   왜요?

채서형   검사하게요.

김지석   예?

채서형   가방 열어서 이리 넘겨요.

김지석   이거야 말로 장난해요?

채서형   집 밖으로 뭐 가져나갈 생각 하지도 말라 그랬죠, 분명?

김지석   그런 생각 한 적 없어요.

채서형   아빠 노트 뒤져서 정리한 다음에 출판하려는 거죠?

김지석   출판 할 만한 게 있으면요.

채서형   그래서 대학 골라 가시려고?

김지석   예? 무슨 소리예요. 당연히 채 교수님 이름으로 내야죠. 순전히 교수님 제자로서 하는 거예요.

채서형   거짓말 하지 마. 가방에 노트 있는 거 다 알아.

김지석   왜 이래요, 진짜?

채서형   내 놔!

김지석   과민반응 하는 거 아니에요?

채서형   뭐 과민반응? 야, 이 새끼야! 내 노트 훔친 거 다 알아! 빨리 안 내놔!

김지석   진정하고 한 번 더 생각해보고 얘기해요. 말이 좀 심하네.

채서형　어, 충분히 생각해 보고 하는 말이야.

김지석　왜 이렇게 신경이 날카로운지 모르겠지만 진정해요.

채서형　내가 신경이 날카롭건 말건 네 가방에 내 노트 있잖아!

김지석　언제는 볼 거 하나도 없다더니? 안 그랬어요, 아까? 낙서뿐이라고?

채서형　그래. 전부 낙서야.

김지석　전부 낙선데 그걸 내가 왜 훔쳐가겠어요? 안 그래요?

　　　　(사이)

채서형　그래.

김지석　그죠?

채서형　그럼 이제 올 필요 없는 거지?

김지석　(한숨) 왜 이래요, 진짜! 확실히 봐야 된다니까.

채서형　내가 확실히 다 안다니까. 내가 평생을 같이 살아서 알아. 우리 아빠 아프고부터 내가 먹이고 재웠거든? 아무도 없는데 혼자 누군가랑 대화하고, 밤엔 귀신처럼 혼자 돌아다니고, 하도 안 씻어 냄새가 나서 내가 겨우 씻기고. 그게 우리 아빠 채무하 교수야. 네가 알긴 뭐 알아?

김지석　미안해요. 주제넘게 괜히. . .

채서형　우리 엄마 죽고 아빠 기분 맞춰준다고 아무리 말도 안 되는 연구를 한대도 내가 다 하게 해줬어. 책 읽는다 그래서 아예 도서관에서 차 트렁크에 싣고 수백 권씩 책도 빌려다 줬어. 무슨 책을 그렇게 많이 읽나 신기해서 봤더니 글쎄 바코드에서 외계인이 자기한테 암호로 보낸 메시지가 있다고 찾는 거더라.

김지석　안타깝죠 교수님같은 천재가. . .

채서형　다 읽고 나서 미친 듯이 쓰기 시작하대. 그것도 하루에 19, 20시간씩. 덕분에 난 학교 자퇴했지. 차라리 잘 됐어, 아빠 없는 게.

김지석   이해해요.

채서형   그만해. 나 좀 혼자 있게 내버려둬. 제발 아빠 좀 안 나타났으면 좋겠어.

김지석   예? 그게 무슨. . .

채서형   아니 너, 너 좀 안 나타났으면 좋겠다고.

김지석   왜 그렇게 날 싫어해요?

채서형   추종자들 깝치는 꼴 보기 싫거든.

김지석   나 말고도 많아요, 추종자는.

채서형   뭐?

김지석   두고 보세요. 학계에 벌서 추모 움직임 활발하고 교수님 업적 연구 시작했어요. 노트필기 찾으러 나 말고도 줄지어 올 겁니다.

채서형   내가 할 게, 그럼.

김지석   그런 게 아니에요.

채서형   왜, 내가 딸이잖아. 내가 하지.

김지석   의미가 없어요, 그건.

채서형   왜 없어?

김지석   서형씨는 수학이 딸려서 안 돼요. 뭐가 수학이고 뭐가 낙선지 구분도 못할 거예요.

채서형   내가 똥오줌도 구분 못한다는 거야, 지금? 전부 낙서라니까?

김지석   혹시 그 중에 진짜 수학이 있을 지도 모르는데 내가 어떻게 그 말만 믿고 포기합니까?

채서형   나도 수학 잘해.

김지석   최소한 박사급 이상 되어야 감정할 수 있는 일이에요, 이건. 고차원 수학이라서.

채서형   나도 할 수 있어.

김지석   (참을성 있게) 서형씨, 물론 아버님이 어릴 적부터 기초적인 수학 집에서 많이 가르쳐주셨겠지만, 그 걸로는 정말 택도 없어요.

채서형   택도 없다고?

김지석   기분 나쁘게 했다면 미안해요. 근데 정말 그건 불가능 할 것 같네요.
(사이. 서형이 지석의 가방을 빼앗는다.)
저기, 아, 정말 왜 이래요? 돌려줘요.
(서형이 가방을 열고 샅샅이 뒤진다.)
무슨 공항도 아니고 이거. . .
(서형은 가방에 든 물건들을 하나씩 하나씩 꺼낸다. 물병. 작업복. 오렌지 하나. 드럼스틱. 그게 다. 그녀는 꺼낸 물건들을 도로 집어넣고는 가방을 돌려준다. 사이.)

채서형   내일 뵐 게요.
(사이. 두 사람 다 당혹스럽다.)

김지석   저쪽 을지의대에 좋은 박사님이 많이 계시거든요? 저희 어머니도 몇 년 전에 돌아가셨는데 그때 저도 엉망이었어요. 연구도 슬럼프고, 그때 상담 받으러 많이 다녔거든요. 몇 달 가서 얘기 좀 하고 약 좀 먹으니까 금방 나았어요.

채서형   나 괜찮아요.
(사이)

김지석   운동도 효과 있어요. 난 캠퍼스에서 꾸준히 조깅하는데 원하시면 같이 해요. 내가 아침에 여기로 데리러 올게요.

채서형   됐다고요.

김지석   그래요. 이러다 공연 늦겠다. 그만 가볼게요.

채서형   안녕히 가세요.

        (사이)

김지석   진짜 차로 금방인데, 안 갈래요?

채서형   제발 그냥 가세요.

김지석   예. 안녕히 계세요.

        (그는 나가기 시작한다. 재킷 가져가는 것을 잊었다.)

채서형   저기요, 옷 가져가세요.

김지석   아, 놔두세요. 제가 챙길게요.

        (서형이 재킷을 집어든다. 그때, 접혀 있던 옷 속에 들었던 노트가 한
        권 떨어진다. 사이. 서형은 분노에 떨며 노트를 집어든다.)

채서형   과민반응? 내가 신경이 날카로워?!

김지석   잠깐만요.

채서형   조깅을 해보라고?

김지석   그게 아니고 내 말 좀 잠깐. . .

채서형   꺼져!

김지석   들어봐요. 잠깐만.

채서형   야, 이 씹새끼야! 당장 안 나가!!!

김지석   잠깐만 내 말 좀 들어보라니까.

채서형   (노트를 흔들며) 씨발 이럴 줄 알았다니까, 내가!

김지석   설명 드릴게요.

채서형   어디서 도둑질이야! 넌 우리 아빠한테 부끄럽지도 않냐?

        (지석이 노트를 낚아챈다.)

김지석   뭐 좀 보여줄게. 진정 좀 해봐.

채서형   씨발, 안 내놔!

| 김지석 | 잠깐이면 돼. 잠깐. |
| 채서형 | 경찰에 신고한다. |

(서형은 전화기를 집어들고 번호를 누른다.)

김지석	그러지 마. 잠깐 빌린 거뿐이니까. 빌린 거라고. 미안해.
채서형	(전화에 대고) 여보세요?
김지석	그럴 만한 이유가 있었다니까.
채서형	여보세요? 경찰이죠? 예, 신고하려고요.
김지석	교수님이 쓰신 글을 발견했어. 수식 말고 일기 같은 건데. . . 이거 한 번만 봐봐, 어?
채서형	절도범이요.
김지석	전화 끊고 내 말 좀 들어보라니까! 제발!
채서형	예, 여기 주소가요. . .
김지석	서형씨 얘기야. 여기 보라고. 여기 이름. 봐.
채서형	유성구 구성동. . .

(서형이 멈춘다. 지석이 읽는 것을 듣는 것 같다.)

김지석	"오늘은 좋은 하루였다. 서형이에게서 아주 좋은 소식을 들었다." 무슨 소식인질 나도 잘 모르겠는데, 아무튼 보여주려고 했어.
채서형	날짜가 언제로 되어있어?
김지석	4년 전 인거 같아. 글씨도 안정됐고 뒤에 더 있어.

(사이. 서형이 전화를 내려놓는다.)

"기계가 아직 제대로 작동을 하지 않는다. 그래도 희망을 계속 가지련다." 여기서 "기계"는 뇌, 정신, 수학을 할 수 있는 능력, 뭐 그런 걸 교수님이 부르시던 명칭이예요.

| 채서형 | 나도 알아. |

김지석 "나는 마치 아주 고장 나 버린 똥차 엔진을 몇 년째 손에 기름 묻혀가
며 고쳐보려는 자동차 정비공 같다. 그런데 미동조차 하지 않던 엔진이
마침내 시동이 걸리는 듯 가래기침 소리를 낸 것이다. 물론 아직 몰고
나가려면 멀었지만, 그래도 꽤 낙관적으로 봐도 좋을 듯하다. 학생들과
학교에서 대화를 하다보면 많이 좋아진다. 식당에서 밥 먹는 일이나 버
스를 타는 일처럼 일상적 활동들이 효과가 좋다.

하지만 그 무엇보다 우리 둘째 딸아이. 내 뒤치다꺼리 하느라 인생에
가장 좋은 시기를 허비한 것 같아서 너무나도 마음이 아프다. 나를 병
동에 보내지 않고 죽자 살자 집에서 날 간호한 딸아이의 정성이 나의
삶을 계속 살아가게 해주었다. 그 아이가 나를 구해주지 않았다면 나는
지금 이 글을 쓰고 있지도 못할 것이고, 또 다시 수학을 할 수 있다는
꿈조차 꾸지 못했을 것이다. 딸아인 대체 어디서 그런 힘을 얻는 것일
까? 나는 죽어서도 이 빚을 못 갚을 것 같다. 오늘이 딸 아이의 21번
째 생일이다. 함께 나가 외식을 할 계획이다." 9월 4일이면 내일이지?

채서형 오늘이야.

김지석 열두 시 넘었구나. (책을 넘겨주며) 보여 주고 싶었어. 몰래 가져가려
고 한 건 정말 미안해. 못 믿어도 할 수 없고, 지금 들으면 별로 안
와닿겠지만, 이거 내일 포장해서 생일 선물로 주려고 했었어. 생일 축
하해.

(지석이 나간다. 서형은 혼자 남았다. 손으로 머리를 감싸고 운다. 그러
다 울음을 멈춘고 눈물을 닦는다. 경찰차의 사이렌 소리가 들린다. 소
리가 점차 가까워진다.)

채서형 씨발. . .

암전.

이 장면이 시작되기 전 서형은 돌아가신 아버지 꿈을 꾼다. 아버지가 샴페인을 들고 와서 자신의 생일을 축하한다. 왜 밖에 나와 있냐는 아버지의 질문에 서형은 아버지의 제자 김지석이 작업을 마치고 돌아갈 때 배웅해주려고 기다리고 있다고 말한다. 아버지는 서형이 자신의 재능을 썩히면서 세월을 낭비하고 있다고 나무란다. 아버지는 서형이 낭비한 시간을 정확히 계산하고 있다. 사실 이것은 아버지의 계산일수도 있지만, 서형의 무의식에 자리 잡은 수학적 천재성을 말해주는 것이다. 아버지와의 대화에서 서형은 자신도 아버지처럼 정신분열증을 겪고 있을 지도 모른다는 두려움을 표현한다. 그때 김지석이 등장하며 서형은 잠에서 놀라서 깨어난다. 지석이 낸 소리에 놀라서 깨기도 했지만, 광기에 대한 두려움과 아버지가 떠나는 것에서 나온 놀람이기도 하다. 자신의 눈을 뜨고 보니, 아직도 아주 선명한 아버지의 기억이 지석의 얼굴과 겹쳐진다. 모든 장면이 그렇지만, 두 인물이 처음 서로 눈을 마주치는 순간이 가장 중요하다. 그 순간에 두 사람의 눈에는 무엇이 오고 가는 것일까? 장면 중간에도 서형은 지식을 아버지와 잠시 착각하고 있다.

서형이 잠들어 있는 사이 김지석은 천재수학자였던 스승이 남긴 유작 노트들을 하나하나 정리해 가는 작업을 하고 있었다. 밤낮으로 며칠간 이 일에 매달려 보지만, 아직 성과는 없다. 스승이 정신분열증을 겪으면서 써간 것들이라 학문적으로 아무런 가치가 없는 것들이다. 그러다가 스승이 비교적 또렷한 정신으로 써내려간 일기가 적힌 노트를 발견한다.

자신을 돌보고 있는 딸에 대한 아버지로서의 마음을 담고 있다. 그 노트에서 내일이 서형의 생일이라는 사실을 발견한다. 서형이 밖으로 노트를 일체 가지고 나가지 말라고 했지만, 지석은 그 노트를 생일선물로 포장해 주어야겠다는 생각에, 외투 속에 감추고 몰래 가져나가기로 결심한다.

지석이 이곳에 들어올 때, 바로 이곳으로 직행해서 온 것이 아니다. 밤늦은 시간에 서형이 어디 있는지, 조심스레 집안을 다 살펴보고 집밖으로 나오고 있다. 서형이 집 안 침실에서 자고 있다고 생각했을 수도 있다. 그 만큼 늦은 시간이기 때문이다. 안에서 서형을 불러보았으나 인기척이 없어서 조용히 빠져나오고 있는 것일 수도 있고, 집안에 없는 것 같아서 밖에 있는지 찾아보려고 했을 수도 있다. 어느 쪽으로 설정하든, 처음 등장하는 지석의 모습과 몸짓은 다르기 마련이다. 문제는 정식 출입문은 반대편에 위치하고 있다는 것이다. 이곳으로 나오는 문은 집 뒤편에 있는 테라스로 이어지는 문이다. 그렇다면 왜 이곳으로 나오고 있는 것일까? 노트를 몰래 가지고 나가려고 했으므로, 내심 서형이 잠들어 있기를 바라면서, 몰래 빠져나오고 있는 것은 아닌가? 문을 그냥 놔버려서 문이 콰당하고 닫히고, 그 소리에 서형이 깬다. 즉, 문을 그냥 놔버리면, 문이 콰당하고 닫히는 줄 몰랐단 이야기가 된다. 이 문으로 문을 열고 나와 본 적이 없다는 뜻이다. 이와 같은 상황으로 판단하건데, 지석은 그 시간에 서형이 그 곳에 잠들어 있을 거라고는 생각지도 못했을 것이다. 그렇다면, 문 닫히는 소리, 그리고 연이어 서형이 깨어나는 것에 지석은 너무나 놀라고 당황했을 것이다. 두 사람이 모두 놀라는 것으로 이 장면은 시작되고 있는 것이다. 이렇게 인물의 등장 하나에도 많은 극적 의미가 들어 있고, 배우는 그 의미들을 살려주어야 한다.

　이 장면은 표면적으로는 천재수학자의 유작 노트를 둘러싼 딸과 제자의 충돌로 보인다. 그러나 장면의 근저를 흐르고 있는 힘은 그것과는 사뭇 다르다. 그것을 분석해낼 수 있는 능력을 가져야 진정으로 희곡을 분석하는 능력을 가졌다고 말할 수 있다. 항상 표면보다는 표면 밑에 놓인 것을 파악하려고 해야 한다. 그것이 바로 서브텍스트(subtext)인 것이고, 행저/행간을 읽는 것이다(read under/between the lines). 그리고 장면의 올바른 분석은 작품의 전체적인 맥락 하에서 이루어지는 것이다.

　이 장면 바로 다음 장면에서 두 사람은 서로의 사랑을 확인하고 밤을 함께 보낸다. 아버지를 대신해 지석이 서형의 마음에 들어선다. 그래서 서형은 감추어 놓았던 자신의 노트를 지석에게 준다. 물론 그 노트가 이후 극의 주된 갈등 요인이 된다. 그 갈등은 이 첫 장면에서 서형이 지석을 의심하면서 격렬하게 충돌하듯이, 극을 이끌고 가는 힘이 된다. 그렇기 때문에, 결국 이 작품의 주제는 자신의 과거와 자신의 미래, 또는 지적 오만으로 인해 사랑을 의심하고 신뢰를 져버리면서 상처받은 두 사람이 서로의 사랑을 회복해 가는 것이라고 할 수 있는 것이다. 서로가 가진 비밀, 서로가 가신 마음의 자물쇠가 충돌 끝에 밝혀지고 풀어지는 것이다. 작품 제목 <프루프>는 수학 용어로 '증명'이라는 뜻이지만, 서형의 증명이 자신이 직접 한 것이라고 증명해 나가는 것이 작품의 흐름이 되고 있지만, 수학을 넘어 지석과 서형의 복잡한 마음을 연결할 수 있는 방법을 찾아가는 것이 바로 이 작품의 제목이 시사하는 진정한 증명인 셈이다.

　그렇다면, 바로 이 장면에서 두 사람이 충돌하더라도, 완전 남남인

사람이 충돌하는 것과는 사뭇 다른 느낌이 날 수밖에 없다. 작품이 진행
되면서 밝혀지지만, 알고 보니 두 사람은 아버지를 통해 서로를 처음 본
순간부터 서로에 대한 마음을 키워왔다. 서로에 대한 짝사랑의 마음이 밑
에 깔려 있지 않는 한, 이 장면은 제대로 이루어지지 않는다. 지석이 밴드
공연에 가자고 하는 것은 사실 데이트 신청이고, 서형은 내색하지는 않지
만, 혹은 반대로 표현하고 있을지는 모르지만, 자신이 데이트 신청을 받고
있다는 것을 정확하게 알고 있다. 지석이 서형의 정신상태에 대해서 걱정
하는 것도 사랑의 마음에서 비롯된 것이다. 아버지를 잃고 혼자된 서형을
지석은 챙겨주고 싶다. 서형에게 그런 존재가 되고 싶다. 애초에 아버지
노트를 생일 선물로 주어야겠다고 생각한 자체가 사랑의 마음 없이는 불
가능한 생각이다. 그렇기 때문에, 장면에서 두 사람이 충돌할 때, 지석이
훨씬 더 큰 인내를 발휘하는 것이다.

　　장면이 시작될 때, 서형의 심신의 상태가 제대로 갖춰져 있지 않다
면, 또한 이 장면은 제대로 진행될 수 없다. 자신의 모든 것을 바쳐가며
돌보았던 아버지가 돌아가신 상실감이 서형의 심신을 가장 크게 지배하고
있다. 수학 천재가 수학공부를 단념할 정도로 서형은 아버지를 사랑했고,
그 사랑으로부터 자신의 젊은 인생 5년을 아낌없이 바쳤다. 그런 아버지
가 그리워 아버지 꿈을 꾸는 것이고, 그것을 현실과 혼동하는 것일 것이
다. 그런 아버지가 돌아가셨다는 것은 자신의 인생이 끝난 것과 같은 기
분일 것이다. 서형이 샴페인을 마시고 있는 것은 바로 아버지에 대한 기
억을 놓고 싶지 않은 마음의 표현이며, 또한 아버지를 잃은 자신의 현재
상태를 가장 잘 드러내주는 행동이기도 하다. 자신이 공부를 그만뒀어야

했기 때문에, 지석처럼 수학공부를 하고 학위를 받은 사람들에 대해 무의
식적인 적대감 비슷한 것을 가지고 있다. 장면의 마지막에 지석이 읽어주
는 아버지의 일기를 듣고, 비로소 서형은 터뜨리지 못한 울음을 터뜨린다.
그 울음과 더불어 비로소 아버지를 떠나보낼 수 있는 마음의 여유가 생긴
다. 그리고 그 노트를 자신에게 생일선물로 주려고 했던 지석의 마음을
알게 되고, 자신이 마음에 두었던 사람을 의심했다는 낭패감이 급습해 온
다. 하지만 그 낭패감 끝에 서형은 자신의 마음에 지석을 받아들이게 되
는 것이다.

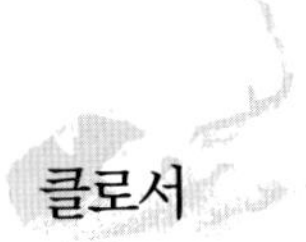

클로서

다음은 패트릭 마버의 "클로서(Closer)"의 장면 11의 일부이다. <프루프>
를 통한 장면 전체에 대한 전반적인 분석에 이어, 이번에는 대본을 읽어
가며 배우는 대사마다 어떤 식의 질문을 던져야 하는가를 알아보고자 한
다. 먼저 장면을 끝까지 읽어보며 질문들을 던져보자. 순간별로 그때그때
배우로서 물어보아야 할 기본적인 질문들을 덧붙여 보았다. 물론 여기서
제시되는 질문들은 예에 불과하다. 배우 각자가 인물이 순간순간 어떤 경
험을 하고 있는지를 파악하기 위해 자신에게 필요한 질문들을 할 수 있어
야 한다. 질문이 구체적일수록 그를 바탕으로 한 연기도 구체적일 수밖에
없는 것이다.

호텔방. 늦은 밤. 1월 (1개월 후)

    — 왜 호텔방인가? 어떻게 생긴 방인가?

    — 방금 무슨 일이 있었나?

댄이 침대에 누워 담배를 피우고 있다. 그는 성경을 읽고 있다. 그는 담배를 재떨이에 비벼끈다.

    — 왜 담배를 피우고 있는가? 왜 성경을 읽고 있는가? 왜 담배를 끄는가?

앨리스는 무대 밖 욕실에 있다.

    — 왜 욕실에 가 있는가? 그곳에서 무엇을 하고 있는가?

앨리스   (밖에서) <u>냉소를 보여줘봐!</u>

    — 왜 냉소를 보기를 원하는가? 냉소가 가지는 의미는 무엇인가?

    (댄이 욕실 쪽을 향해 냉소의 표정을 짓는다.)

    — 마지못해 하는 것인가? 기꺼이 하고 있는 것인가?

    — 전에 한 적이 있다면, 지금은 어떻게 다른가? 똑같은가?

    (밖에서) 우와! 멋있다!

    — 처음보는 것인가? 전에도 본 적이 있는가?

댄   (웃으며) 새벽 두시에 호텔이 떠나가라고 소리 지르면 어떡해.

    — 어디에서 나오는 웃음인가?

    (앨리스가 잠옷 차림으로 들어온다. 침대 위로 몸을 던진다.)

    — 왜 잠옷 차림인가? 방금 입은 것인가, 아니면 입고 있던 것인가?

     – 어떻게 들어오는가? 문에서 멈춰 섰다가 댄을 보고 들어오는 것인가?

앨리스   해줘.

     – 얼만큼 섹스를 원하는가?

댄   <u>또?</u> 내일 아침 6시에 일어나야 되잖아.

     – "또"가 밑줄로 강조된 이유는 무엇인가? 어떤 마음으로 하는 말인가?

     – 이전에 섹스가 있었다면 몇 차례 있었고, 어떠했는가?

     – 아침 일찍 일어나야 한다는 것은 진짜 이유인가, 아니면 섹스를 회피하기위한 핑계인가?

앨리스   뭔 남자가 이렇게 매번 날 실망시키냐?

     – 얼만큼 실망스러운가? 정말 단념할 것인가?

     – "매번"이라는 말은 어디에서 나오는 것인가?

댄   그게 내 <u>매력</u>이야.

     – 농담인가? 아니면 그것이 정말로 자신의 매력이라고 생각하는가?

(앨리스가 그의 팔에 안긴다.)

     – 어떤 마음으로 안기는 것인가? 어떤 마음으로 댄은 안고 있는가?

그래서. . . 우리 어디 가는건데?

앨리스   돈 걱정은 마. 내 깜짝 선물이야. 그러니까 내 식대로 해야 해.

     – 행선지를 물었는데, 돈 걱정을 이야기하는 이유는 무엇인가?

     – 무엇을 기념하기 위한 깜짝 선물인가?

(댄이 그녀를 간지럽힌다.)

     – 얼만큼 간지럽힐 것인가? 어디를 간지럽히는가?

댄   <u>어디</u> 가는데?

앨리스   (웃으며) 뉴욕.

    — 왜 하필 뉴욕인가?

댄   넌 천사야. 비행시간이 얼마나 돼?

    — 왜 천사라고 하는가? 자신도 뉴욕에 가보고 싶었던 것인가?

    — 갑자기 비행시간을 묻는 이유는 무엇인가?

앨리스   7시간.

댄   나 7시간이나 비행 못해.

    — 왜 못하는가?

앨리스   비행은 비행기가 알아서 다 할거야. 내가 지켜줄게.

(그녀가 키스한다.)

    — 어떤 식의 키스인가?

무서워할 거 없어.

    — 왜 무서워한다고 생각하는가?

댄   비행이 무서운 게 아니라, 추락이 무서운 거야. 내 여권 챙겼어?

    — 여기서의 "추락"은 정말 비행기 추락을 말하는 것인가?

앨리스   물론이지. 내 거랑 같이 있어.

댄   어디에?

앨리스   네가 볼 수 없는 곳에. 내 여권 사진 극비야. 아무도 볼 수 없어.

    — 왜 여권사진을 사랑하는 사람에게 보여주지 않으려고 하는 것일까?

(댄이 그녀를 쓰다듬는다.)

    — 어디를 어떻게 쓰다듬는가?

있잖아, 내일 비행기에 오르면 우리 만난 지 꼭 4년째 되는 거야. 축하해. . .
짜식아!

(댄이 멈추고 그녀를 본다.)

    — 왜 멈춘 것인가? 왜 쳐다보는 것일까? 무슨 생각을 하고 있나?

댄   렌즈 빼고 올게.

    — 갑자기 자리를 뜨려는 이유는 무엇인가?

앨리스 이빨도 닦아.

　　　　― 이를 닦으라고 하는 이유는?

（댄이 침대에서 내려온다.）

댄　　　내 샌드위치에 뭐가 들었었지?

　　　　― 여기서부터 두 사람은 서로에 대해 질문을 하며, 두 사람 사이의
　　　　　사소한 디테일들을 확인해 간다. 댄이 이 시점에 이런 질문을 던지
　　　　　는 이유는 무엇인가? 무엇을 확인하고 싶은가?

앨리스 참치.

댄　　　내 사과 색깔은?

앨리스 초록색.

댄　　　빨간색이었어.

앨리스 초록색이었고 진짜 맛없는 사과였어.

　　　　― 누구 말이 맞는 것일까? 만약 앨리스가 맞다면, 댄은 정작 본인은
　　　　　제대로 기억도 못하는 것을 앨리스가 기억하고 있기를 바라고 있
　　　　　는 것이 아닌가.

댄　　　네가 나한테 처음으로 한 말은?

앨리스 '안녕, 아저씨.'

댄　　　완전 걸레네.

　　　　― 왜 이런 식의 표현을 쓰는 것일까? 여자친구한테 농담으로 건네기
　　　　　에는 심한 말 아닌가?

（사이）

　　　　― 왜 대화가 중단된 것일까? 이 사이에 무슨 일이 일어나는 것인가?
　　　　　두 사람 서로를 어떻게 보고 있을까? 무슨 생각을 하고 있을까?

앨리스 나 몇 바늘 꿰맸지?

　　　　― 앨리스가 다시 질문을 시작한다. 정말 궁금해서 물어보는 것인가?
　　　　　어색한 침묵을 깨뜨리기 위한 것인가?

댄   두 바늘. 더 꿰맸어야 했는데.

      — 왜 더 꿰맸어야 한다고 생각하는가?

앨리스   내가 어디서 오는 길이었지?

      — 이 질문은 왜 하는 것일까? 자신이 어디에서 오는 것이었는지를 왜 기억해주길 바라나?

댄   스트립바. 그 다음엔 재래시장에 갔다가. . . 그리곤 복개된 강에 갔었지.

앨리스   뭐?

      — 한 번에 알아듣지 못하는 이유는?

댄   플리트 강이 어디서 시작되는지 알아보러 블랙프라이어 다리에 갔었잖아.

앨리스   딴 데로 새고 그래. 노망났어?

      — 어디가 어떻게 들어맞지 않는 것인가?

(댄이 '기억하려고' 하다가 욕실로 나간다.)

댄   (밖에서) 그리고 나서 그 공원에 갔잖아. . . 기념관이 있는.

      — 어떻게 생긴 공원인가? 무슨 기념관인가?

앨리스   넌 거기 누구랑 갔었는데?

댄   (밖에서) 돌아가신 아버지랑.

      — 돌아가신 아버지를 그리워하는가? 생전에 아버지와의 관계는 어떠했는가?

앨리스   계란샌드위치 드셨지. 그 바람에 턱에 버터가 묻으셨고.

댄   (밖에서) 넌 그런 걸 다 어떻게 기억하니?

      — 댄은 기억하지 못하고 앨리스는 기억하는 이유는 무엇일까?

앨리스   내 머리 속은 쓰잘 데기 없는 짜잘한 잡생각들로 가득 차 있지 않으니까. 널 한 단어로 표현하면?

      — 댄의 머리엔 잡생각들이 가득 차 있다는 의미로 하는 말인가?

댄   (밖에서) 내성적인. 넌?

앨리스   친화적인. 의자 색이 빨강이었어, 노랑이었어?

댄   모르겠는데.

앨리스   속았지? 주황색이였지롱.

댄   넌 속임수 투성이구나.

           ─ 투성이라는 표현은 어떤 마음에서 나오는 것인가?

앨리스   (앨리스가 다리를 벌린다. 댄이 그녀를 쳐다보다가 뭔가를 기억한다. 사이.)

           ─ 여전히 변함없이 섹스를 원하는 것인가?

           ─ 댄이 기억하는 것은 무엇인가?

           ─ 이 사이에는 무슨 일이 일어나는가?

댄   의사 기억나?

           ─ 누구를 가리키는 말인가?

           (사이)

           ─ 왜 대답이 바로 나오지 않는 것인가? 이 사이에는 어떤 일이 일어

             나는가?

앨리스   아니. . . 무슨 의사?

           ─ 몰라서 하는 말인가? 알면서 모르는 척하는 것인가?

           (사이)

           ─ 이 사이에는 어떤 일이 일어나는가? 앨리스의 답을 댄은 어떻게

             생각하는가? 믿는가?

댄   의사가 왔잖아. . . 너한테 담배줬는데.

           (사이)

           ─ 이 사이에는 무슨 일이 일어나는가?

앨리스   기억 안나. 어쩌다 휴가라곤 한 번도 못 가봤냐?

           ─ 정말 기억 안 나는 것인가? 거짓말을 하고 있다면, 그 이유는 무엇

             인가?

           ─ 말을 돌리는 이유는?

댄   시골에 갔었잖아.

앨리스　그건 빼야지. 나 몰래 나가서 전화했으니까. . .그 마녀한테.

　　　　ㅡ 마녀는 누구를 가리키는가?

(댄이 그녀를 쳐다본다.)

　　　　ㅡ 어떻게 쳐다보는 것인가? 보면서 무슨 생각을 하는 것인가?

댄　　　그들이 행복할까?

　　　　ㅡ 이 질문을 하는 이유는? 의사에서 그들로 질문이 바뀐 것은 왜인

　　　　　가?

앨리스　누구?

　　　　ㅡ 몰라서 하는 질문인가?

댄　　　애나와. . . 래리?

　　　　ㅡ 래리가 나오기 전에 약간의 틈이 있는 것은 무엇 때문인가?

앨리스　그걸 어찌 알겠냐. 침대로 와.

　　　　ㅡ 관심이 없는 것인가?

댄　　　한 모금 빨고. 넌 어떻게 끊었어?

　　　　ㅡ 가지 않는 이유는? 정말 담배가 피우고 싶어서인가?

　　　　ㅡ 담배 끊는 것이 가능하다고 생각하고 하는 질문인가? 그 반대인가?

앨리스　깊은 내면의 힘.

(댄이 침대로 간다. 그는 앨리스를 안고는 키스를 하고, 그녀의 다리를 쓰다
듬는다.)

　　　　ㅡ 댄이 생각을 바꿔 담배를 끊고 침대로 갔다. 그 계기가 무엇인가?
　　　　　앨리스의 말에 감복한 것인가? 아니면 자신도 내면의 힘을 가지고
　　　　　있다는 걸 보여주려고 하는 것인가?

댄　　　이건 어쩌다 생긴 거야?

　　　　ㅡ 상처가 어떻게 생긴 것인지를 새삼 묻는 이유는 무엇인가?

앨리스　알면서.

　　　　ㅡ 전에도 묻고 대답한 적이 있는가?

댄   어쩌다?

        ― 기억을 못하는 것인가? 다른 답을 원하는 것인가?

앨리스   자전거에서 굴러떨어졌잖아. 보조바퀴 안쓰고 타겠다고 우기다가.

        ― 거짓말인가? 사실인가? 거짓말이라면, 거짓말하는 이유는 무엇인가?

댄   (믿지 않으며) 정말?

        ― 믿지 않는 이유는?

앨리스   어떻게 생긴 건지 알면서 왜 그래.

        ― 어떻게 생긴 것인가?

        (사이)

        ― 이 사이에는 무슨 일이 일어나는가?

댄   자해한 거야?

        ― 처음부터 이렇게 묻고 싶었던 것인가?

앨리스   아니.

        (사이)

        ― 사실대로 이야기하고 있지 않다면 왜 인가?

        ― 이 사이에는 무슨 일이 일어나는가?

댄   왜 나야? 그 많은 사람 중에 왜 날 택했어?

        ― 어떤 답을 듣고 싶어서 하는 질문인가?

앨리스   빵 껍질을 잘라 내고 먹으니까. (댄은 앨리스의 상처에 키스한다)
        그리고 너의 이런 면 때문에.

        ― 한 사람을 좋아하는 이유로는 너무 사소한 것이 아닌가? 그런 사
          소함에 매료되는 인물인가?

        ― 이 대답이 댄에게 어떻게 받아들여지는가? 감동적인 대답인가? 자
          신이 원하던 답인가? 아니면 자신이 전혀 생각도 못한 답인가? 마
          음을 움직이는 답인가? 그래서 키스하는 것인가?

        (사이)

| | ― 이 사이에는 무슨 일이 일어나는가?

댄   스트리핑은 언제 그만둘 거야?

        ― 처음부터 앨리스가 스트리퍼라는 것에 대해 어떻게 생각하고 있었
          나?

        ― 전에는 특별히 문제 삼지는 않았다가, 이제 그만두라고 하는 이유
          는 무엇인가?

앨리스   곧.

        ― 진심인가?

댄   넌 그 일에 중독됐어.

        ― 앨리스는 돈을 벌기 위해 하는 일이고, 특별히 그것에 의미를 두지
          않는다. 그런데 왜 댄은 '중독'이라는 표현을 쓰는 것일까?

앨리스   아니야. 그 덕분에 여행경비 마련한 거야.

        (사이. 댄은 애쓰지만 자신을 멈출 수 없다.)

        ― 댄의 내면적 갈등이 가장 고조되는 순간이다. 정확하게 무슨 생각
          을 하고 있는 것인가? 무엇과 무엇이 갈등하고 있는가?

댄   무슨 일이 있었는지 말해줘.

        ― 끝내 댄은 단도직입적으로 질문을 던진다. 장면이 시작되기 이전부
          터 줄곧 묻고 싶어했던 질문이 끝내 입밖으로 나온 것이다.

        (이하 생략)

호흡과 공감(Empathy)

생명체가 되기 위한 전제조건은 호흡이다. 즉, 모든 살아있는 것에는 호흡의 원리와 리듬이 존재한다. 이는 동식물과 같이 모든 유기적인 생명체의 존재원리이기도 하지만, 인간들이 형성하는 모든 활동과 조직의 생명력을 가늠하는 척도이기도 하다.

호흡은 들숨과 날숨의 교차와 반복으로 구성되어 있다. 즉 주고받기의 연속, 그로 인한 소통(communication)이 바로 호흡이다. 그리고 이런 호흡의 주기가 심장의 박동을 만들어낸다. 몸이 중요한 화두가 된 이 시대에 우리가 2 비트의 음악에 매료되는 것은 그 리듬이 우리의 생명의 리듬과 일치하는 느낌 때문이다. 그래서 일면 더 동물적이라 할 수 있겠다.

세상에 존재하는 모든 작용(action)과 반작용(reaction)의 물리적 현상, 행동(action)과 반응(reaction)의 역학도 바로 이 호흡의 원리에 근거한 것으로 살아있다는 증표가 된다.

숨을 들이쉴 때, 우리는 단순히 공기만을 몸 안에 받아들이는 것이 아니다. 들숨과 함께 우리 몸 구석구석에 존재하는 자극들(일차적으로 감각기관을 통해 인식된다)을 방문(visit)을 하는 것이고, 그 자극들이 빚어내는 충동과 느낌과 사고를 만나게 된다. 또한 들숨을 통해 우리는 주변의 모든 기운을 빨아들인다. 그렇게 내 몸 안에 받아들여진 바깥 기운은 내 안의 기운과 만나 다시 서로 부딪히고, 갈등하고, 화해한다. 그리고 마침내 날숨을 통해 내 안에서 일어나는 모든 느낌과 생각들이 밖으로 배출되며, 다시 이를 상대방이 자신의 들숨을 통해 들이마심으로써 그 사람에게 전달된다. 겁에 질린 순간 우리는 순간적으로 호흡을 참게 되는데, 이 본능적 반응은 호흡을 통해 부지불식간에 내 몸 안의 진실이 외부에 노출되는 것을 방지하기 위한 것으로도 볼 수 있다.

두 사람이 이와 같은 호흡의 오고감을 거부감 없이 받아들일 때, 우리는 흔히 두 사람의 "호흡이 잘 맞는다"라고 한다. 단체경기에서 선수들 간에 호흡이 잘 맞는다고 할 때도, 각 선수들이 동료선수들의 눈에 보이지 않는 미세한 기운의 변화와 변화무쌍한 움직임을 호흡을 통해 잘 받아들이고 소화해내기 때문이다. 서로 호흡이 잘 맞는 사람들이 있고, 그런 사람과는 친구나 연인이나 부부가 될 가능성이 크다. 단지 두 사람이 서로 비슷하기 때문만이 아니다. 때로는 서로 다른 기운을 가진 사람들이 호흡을 맞추기가 더 쉽다. 내가 가진 느낌이나 기운을 확인받고 싶어할 때에는—즉, 그것이 나 혼자만이 느끼는 기운이 아니라는 것을 확인하고 싶을 때는—인간의 확인본능이 작동해 비슷한 기운을 가진 사람과 호흡이 잘 맞는다. 내게는 모자라거나 없는 기운을 갈구할 때에는 나와 다른 기운을 가진 이에게 끌리며 그 사람과의 호흡이 더 강렬하게 느껴진다. 전자의 경우는 두 사람을 서로 친구의 관계로 이끌 가능성이 크고, 후자의 관계는 두 사람을 연인의 관계로 이끌 가능성이 크다 (물론 예외적인 경우도 있지만). 부부가 함께 살면 서로 닮아간다는 속설은 이렇게 호흡을 통해 서로의 기운을 주고받기 때문에 가능한 것으로 해석될 수 있다.

연극이나 라이브 공연장에서의 열기도 함께하는 호흡이 빚어내는 열기이다. 관객으로서 같은 공간에서 배우들과 또 함께 한 다른 관객들과 호흡을 주고받으며 우리는 공명한다. 이것이 인간이 가진 공감의 마음이 작용하는 원리이고, 그것이 우리에게 연극이나 다른 극형식이 존재하는 이유라고 생각한다. 호흡을 함께 함으로써 우리는 자기중심적인 사고에서 벗어나게 되며, 단지 동정(sympathy)에 그치는 것이 아니라 진정으로 마음에서부터 서로를 이해하는 체험을 하게 되는 것이다.

연기훈련에 있어 발성과 화술은 이와 같은 호흡의 원리에 의해 재고되어야 한다. 발성의 선행조건은 의사소통의 욕구이며, 그 욕구는 들숨을 통해 주변의 기/외부적 진실을 받아들이고 이를 자기 자신 내의 진실과 융합시킴으로써 발생한다. 이를 무시한 훈련법들은 모두 배우들에게 인위적인 발성과 화법을 낳을 뿐이다. 어린 아이들에게 낯선 글을 주고 읽어보라고 하면 특유의 국어책 읽는 듯한 어투로 말을 하게 되는 것은, 아이들에게 외부에서 주어진 텍스트가 아무런 내적 울림을 갖지 못하기 때문이다. 연극무대에서 아직도 어색한 억양과 말투로 대사를 하는 배우들이 있다. 대개는 소리를 전달해야한다는 압박감으로 인해 소리의 외적 측면에만 신경을 쓸 뿐, 소리를 발생시키는 근본 욕구를 몸 안에 만들어내지 못했기 때문이고, 이를 소리와 조화시키는 균형점을 찾기 못했기 때문이다.

배우는 역할을 창조함에 있어, 그리고 상대배우와 함께 한 장면을 창조함에 있어, 호흡의 원리에 우선적으로 충실해야 한다. 들숨을 통해 몸속 구석구석까지 자신의 내부에서 일어나는 모든 느낌을 감지해야하고, 끊임없이 변화하는 주변의 기운을 받아들여야 한다. 그리고 날숨을 통해 그 느낌들이 욕구가 되어 적절히 배출될 수 있어야 한다. 그렇다면 호흡을 주고받는 사이 배우는 저절로 순간순간에 진실한 살아있는 연기를 하게 될 것이다.

연극무대처럼 소리가 멀리 전달되어야 하는 경우에는 소리에 추진력을 줄 수 있는 원동력이 필요한데, 그것이 배우가 호흡을 깊게 해야 하는 이유이다. 소리가 멀리가기 위해서는 그 만큼의 반동이 필요하다. 배우의 몸속 가장 깊은 곳까지 들어갔다가 나오는 깊은 호흡이 막힘없는 긴 통로를 통해 걸림 없이 배출될 때, 그 소리 안에 담겨있는 배우의 진실이 멀리 깨끗하게, 관객의 마음속까지 긴 울림으로 전달되는 것이다.

인간은 혼자 살기로 선택하지 않는 이상, 사회 속에서, 즉 다른 사람들과의 관계 속에서 살아간다. 그리고 그 인간관계는 호흡을 통한 소통의 원리에 의해 규정되고 지탱된다. 이런 호흡의 원리로 오늘 하루 우리가 맺고 있는 모든 관계를 다시 보면 어떨까. 어떤 관계에서는 호흡이 오가고 소통이 비교적 잘 이루어지고, 다른 관계에서는 그만 못함을 발견하게 될 것이다. 만약 내가 호흡을 주고받기를 거부하고 있을 때에는, 또는 상대방에게서 건네 오는 호흡이 없을 때에는 그 이유가 뭔지를 반추해보면, 무수한 관계 속에서 살아가는 인간사가 조금은 더 잘 이해되리라 믿는다.

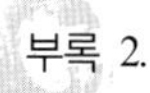 부록 2.

발성의 원칙

다음은 액터즈 스튜디오 드라마스쿨에서 키스 불(Keith Buhl)과 노바 토마스(Nova Thomas)가 창안한 "스타니슬라프스키 연기자를 위한 발성과 화법"의 기본 원칙들이다.

1. 턱과 목, 어깨에 어떠한 경우도 힘이 들어가서는 안된다.
2. 입모양 / 입 속 모양

   연구개(soft palate)는 위로, 후두(larynx)는 아래로 내려감으로써, 인두(pharynx)에 충분한 공간이 형성이 되고 소리가 배출될 수 있는 긴 경로와 울림통이 만들어진다.
3. 발성에 앞서 호흡과 입(속)모양이 반드시 선행되어야 한다.

   들숨을 통해 신체 각 부위에 내재되어 있는 느낌/감정/사고가 발견되어야 하고, 날숨에 이것이 묻어나오면서 소리가 만들어져야 한다. 즉 발성에 앞서 의사소통의 욕구가 먼저 생성되어야 한다.
4. 소리가 처음 만들어질 때(호흡이 성대와 만날 때), 소리가 깨끗하고 부드럽게 시작되도록 유의해야 한다. 음높이와 음량에 따라 호흡과 성대의 울림은 그 균형을 달리한다. 그 균형점을 찾고 유지하는 능력을 배양해야 한다.

5. 일단 만들어진 소리는 인두에서 입천장으로 이어지는 깨끗하고 긴 경로(exit route)를 따라 길게 내보내야 한다.

6. 두성(head register/texture)과 흉성(chest register/texture)의 조화: 음높이에 따라 두성과 흉성의 배합비율이 달라질 뿐이다. 절대 어느 한 요소가 배타적인 지배요소가 되어서는 안된다.

7. 방향감각(a sense of direction)

모든 발성은 그 대상이 있다. 아무 곳으로나 소리를 보내는 곳이 아니라, 원하는 곳에 소리가 닿게 해야한다.

8. 모든 살아있는 소리는 내적 느낌의 변화에 따라 변화무쌍하게 움직인다. 입 밖으로 내보내는 소리에 운동성(a sense of motion)이 가미되어야 한다.

9. 의사소통의 욕구가 강해질수록, 그에 상응하는 반동을 만들어주어야 한다 (support). 단전에 힘을 줌으로써 호흡(특히 날숨)이 내적 의사소통의 욕구가 발생시키는 신체에너지와 일치하게 된다. 특히 이때 발성기관이 긴장되는 것을 방지하려는 의식과 노력(relaxation)이 입(속)모양과 반동을 잃지 않으려는 노력(a refusal to collapse)과 병행되어야 한다.

10. 레가토(legato)

아름다운 소리는 서로 부드럽게 연결되어 있다. 아름다운 연기는 레가토에서 시작된다. 거칠고 깨끗하지 못한 소리는 연기에 사용되었을 때 단 5분간만 흥미롭다. 이후에는 듣는 이에게 불쾌감을 낳는다.

11. 느낌과 감정은 모음에 실려 전달된다.

12. 정확한 발음을 위해서는 혀끝을 단련해야 한다. 그러나 자음이 모음의 원활한 흐름과 이어짐을 끊지 않도록 유의해야한다.

이상의 모든 원칙과 원리는 피나는 노력과 연습을 통해서만 터득할 수 있다. 몸이 완전히 이를 숙달할 때까지 반복적으로 연습해야 한다.

이상의 원칙에 의해 신체와 발성기관의 중립상태(neutral state)가 확립된 이후에야 비로소, 배우는 각 인물에 따라 발성기관의 사용을 달리할 수 있다. 그러나 어떠한 경우에도 의사소통의 욕구가 긴 경로를 따라 막힘없이 완전한 울림을 가지고 대상에 전달되어야 한다는 원칙을 희생시키지 않는 것이 소리를 사용하는 예술가로서의 임무임을 잊지 않아야 한다.

억양과 강조

- 억양은 **호흡의 자연적 리듬**에 따라 생성되며, **강조점**(의사소통의 욕구)에 따라 그 자연적 리듬을 유지하면서 변화한다.
- 날숨이 이루어지는 동안, 억양은 자연스럽게 내려간다. 호흡이 빨라질수록 급격하게 내려가며, 호흡이 느려질수록 완만하게 내려간다.
- 하나의 사고(의사소통의 내용)가 완전하게 끝날 때까지는 억양은 완전히 내려가지 않는다. 사고가 다 전달되기 전에 날숨이 다하면, 끝이 약간 들린 억양으로 여운을 남긴 후, 들숨이 이루어지며, 이는 사고가 다 전달될 때까지 반복된다.
- **억양은 최초의 강조점에서 상승한 후 이후 다음 들숨의 순간까지 계**

속 하강한다. 하나의 날숨에서 강조점에 여러 곳일 때 첫 강조점에서 억양이 올라간 후 다음 강조점에서 다시 억양이 올라가지 않도록 유의해야 한다. 개성있고 독특한 말투와 인위적인 말투의 차이는 바로 여기에서 생긴다.

• 억양의 높낮이와 주기는 개인적 성격과 심적 상태와 태도에 따라, 지역적 특성에 따라 달라지며, 물리적 환경의 영향 하에 놓여있다. 그와 같은 요인들이 개인의 호흡을 변화시키기 때문이다.

• 억양이 호흡에 따라, 그리고 생각과 느낌의 전달 욕구에 따라 어떻게 변화하는지 그 상관관계를 제대로 알기 위해서는 평소 자신과 타인의 언어사용을 주의 깊게 듣고 관찰하는 습관을 들여야 한다. '듣기'를 통해 자연적인 억양의 리듬에 대한 감각을 익혀야하며, 절대 인위적으로 억양을 조절해서는 안 된다. 항상 의사소통의 욕구와 그 내용을 먼저 생성한다면, 그리고 그것을 인위적으로 방해하는 요인들(가령 '연기해야한다'는 생각)을 제거한다면, 억양은 호흡에 의해 자연적으로 형성됨을 기억해야 한다.

1. 쉼표와 마침표에 따라 억양의 끝부분이 어떻게 변하는지 살펴보자.

   가, 나, 다, 라, 마, 바, 사, 아, 자, 차, 카, 타, 파, 하.

   가. 나. 다. 라. 마. 바. 사. 아. 자. 차. 카. 타. 파. 하.

   가나, 다라, 마바, 사아, 자차, 카타, 파하.

   가나다, 라마바, 사아자, 차카타, 파하.

   가나다라, 마바사아, 자차카타, 파하.

2. 밑줄이 쳐진 부분을 강조하며 읽어보자.

   가나다, **라마바**사, **아자차카**, **타파**하.

   가**나**다, 라**마**바사, 아**자차**카, 타**파**하.

   가나**다**, 라마**바**사, 아자**차**카, 타파**하**.

마찬가지 원리로, 자음으로 끝나는 단어들을 연습해보자.

3. 하나, 둘, 셋, 넷, 다섯, 여섯, 일곱, 여덟, 아홉, 열.

   하나 둘, 셋 넷, 다섯 여섯, 일곱 여덟, 아홉 열.

   하나 둘 셋, 넷 다섯 여섯, 일곱 여덟 아홉 열.

   하나 둘 셋 넷, 다섯 여섯 일곱 여덟, 아홉 열.

4. **하나** 둘 셋, **넷** 다섯 여섯, **일곱** 여덟 아홉 열.

하나 둘 셋, 넷 **다섯** 여섯, 일곱 **여덟** 아홉 열.

하나 둘 **셋**, 넷 다섯 **여섯**, 일곱 여덟 **아홉** 열.

하나 둘 셋, **넷 다섯** 여섯, **일곱 여덟** 아홉 **열**.

하나 둘 셋, **넷** 다섯 **여섯**, 일곱 여덟 **아홉** 열.

여기에서 숫자로 적혀있는 각각의 부분은 대사로 친다면, 한 단어일 수도 있고, 구절일 수도 있고, 심지어 문장일 수도 있다. 위의 원리를 대사에 다양하게 적용해보면서, 억양과 강조에 대한 감을 길러가야 한다. 다시 한 번 강조하지만, 억양과 강조는 인물이 무엇을 말하고자 하는가에 따라, 인물의 심신의 상태와 사고과정에 따라 결정되는 것이다.

희곡의 연출적 분석을 위한 질문서

연출에 관심 있는 배우들을 위하여 연출로서 희곡을 분석하기 위한 질문들을 정리해보았다.

1. 극에서 무슨 일이 일어나는가?

2. 플롯은 무엇인가?

3. 본질적/근본적 갈등은 무엇인가?

4. 주제는 무엇인가?

5. 극이 맘에 드는가? 그렇다면 그 이유는?

6. 본인이 희곡을 읽었을 때 느꼈던 감동/흥분 등을 어떻게 관객에

게 일깨우고 전달/표현할 것인가?

7. 극에서 맘에 들지 않는 부분은 어떤 것인가? (극이 가진 약점)

8. 극이 가진 약점을 어떻게 하면 최소화하거나 숨길 수 있는가?

9. 주인공은 누구인가?

10. 주인공이 극 전체에서 바라는 것/원하는 것/이루고자 하는 것 (spine/super-objective)은 무엇인가?

11. 주인공이 원하는 것을 이루는데 방해가 되는 장애(물)는 어떤 것들이 있는가?

12. 주인공이 당면한 상황(urgent circumstances)들은 무엇인가?

13. 대칭적 인물/상대역(antagonist)은 누구인가?

14. 대칭적 인물이 극 전체에서 바라는 것/원하는 것/이루고자 하는 것(spine/super-objective)은 무엇인가?

15. 대칭적 인물이 원하는 것을 이루는데 방해가 되는 장애(물)는 어떤 것들이 있는가?

16. 대칭적 인물이 당면한 상황(urgent circumstances)들은 무엇인가?

17. 주인공은 이렇게 자신의 동기/의도/목표를 이루고자 하는가?

18. 대칭적 인물은 어떻게 자신의 동기/의도/목표를 이루고자 하는가?

19. 클라이막스가 되는 장면은 어느 것인가?

20. 왜 그 장면이 클라이막스라고 생각하는가?

21. 그 장면에서 무슨 일이 일어나는가?

22. 왜 그 일이 일어나는가?

23. 클라이막스 장면이 끝나고 주요 인물들에게 닥친 결과는 무엇인가?

24. 극이 끝나고 나서 주요 인물들에게 닥친 결과는 무엇인가?

25. 일련의 극적 상황들을 거치면서 주인공들이 한 경험은 무엇이고, 그들에게 일어난 근본적이고 아마도 영구적인 변화는 무엇인가?

26. 어떤 분위기를 가진 극 세계를 창조하고 싶은가?

27. 캐스팅: 주요 배역에 필요한 배우의 자질은 무엇인가?

28. 각 개별 인물들의 성격을 규명하는데 도움이 되는 행동 유형은 무엇인가?

29. 각 인물들 간의 관계의 본질은 무엇인가?

30. 극 제작에 있어 빠지기 쉬운 함정은 무엇인가?

31. 연출가 자신이 가진 개인적 성향/감수성이 낳을 수 있는 함정은 무엇인가?

32. 어떤 극적 시공간을 창조하길 원하는가? 무대나 조명, 의상, 음향/음악으로부터 어떤 효과를 불러일으키길 원하는가?

지은이 김준삼
고려대학교 영문학과 및 동대학원 졸업(문학석사)
뉴욕 Lee Strasberg Theater Institute 메소드연기과정 수료
뉴욕 The Actors Studio Drama School 연기전공석사(MFA)
극단 블루 바이씨클 프러덕션 대표 및 예술감독
경희대학교 예술디자인대학 연극영화전공 객원교수

메소드연기로 가는 길
초판 4쇄 발행일 • 2021년 2월 24일
지은이 • 김준삼 / 발행인 • 이성모 / 발행처 • 도서출판 동인
서울시 종로구 혜화로3길 5 118호 / 등록 • 제1-1599호
TEL • (02) 765-7145 / FAX • (02) 765-7165
E-mail • dongin60@chol.com / Homepage • www.donginbook.co.kr

ISBN 978-89-5506-360-8   정가 11,000원